LOI

DE VESTROGOTHIE

(CODEX ANTIQUIOR)

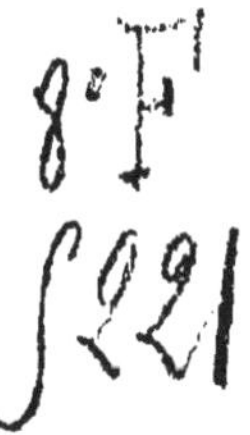

Extrait de la *Nouvelle Revue historique de Droit français et étranger.*

1886-1887.

LOI

DE VESTROGOTHIE

(CODEX ANTIQUIOR)

Traduite et annotée

PAR

LUDOVIC BEAUCHET

PROFESSEUR A LA FACULTÉ DE DROIT DE NANCY

PARIS

L. LAROSE ET FORCEL

Libraires-Éditeurs

22, RUE SOUFFLOT, 22

1889

LOI
DE VESTROGOTHIE

(CODEX ANTIQUIOR)

Traduite et annotée

PAR

LUDOVIC BEAUCHET

PROFESSEUR A LA FACULTÉ DE DROIT DE NANCY

PARIS

L. LAROSE ET FORCEL

Libraires-Éditeurs

22, RUE SOUFFLOT, 22

1889

INTRODUCTION.

« Jusqu'ici, disait M. Gide (1), l'on a cru par une illusion assez naturelle, pouvoir découvrir la source des législations modernes sans sortir des pays mêmes qu'elles régissent, et pour rechercher, par exemple, les origines de la loi française, on s'est borné bien souvent à interroger les codes germaniques qui ont régné sur le sol français. Mais ce ne sont pas les lois promulguées sur les bords du Rhône ou de la Seine qui nous apprendront comment vivaient nos pères, lorsque leurs tribus à demi sauvages campaient sur les côtes de la Baltique ou sur les rives de l'Oder. A l'époque où ces lois furent rendues, les Francs, les Goths, les Burgondes, assouplis par le christianisme, disciplinés par les rois, transportés sous le ciel du

(1) *Etude sur la condition privée de la femme*, 2e éd., p. 219. Pour M. Gide, les anciens codes scandinaves font partie des monuments du droit germanique, « Ces monuments, dit-il, *l. c.*, peuvent se diviser en deux classes bien distinctes. Les uns promulgués par les Barbares dans leur propre langue et dans la patrie de leurs aïeux, sont purement germaniques de forme et d'origine : ce sont les codes du Danemark, de la presqu'île et des îles scandinaves. Les autres écrits en langue latine, en pays latins, au sein des influences romaines, sont parfois plus romains que barbares : ce sont les codes des diverses tribus germaines qui vinrent s'établir sur le territoire de l'Empire. Jusqu'ici en France du moins, l'on n'a guère étudié le droit germanique que dans cette seconde classe de documents. » — Nous devons tout d'abord, en ce qui concerne cette dernière observation, faire une réserve importante pour M. R. Dareste, qui a publié dans le *Journal des savants* (sept.-oct. 1880, février 1881, avril-mai 1881, août 1881) une série de mémoires remarquables sur les anciennes lois suédoises, danoises, norvégiennes et islandaises. Ces mémoires ne sont malheureusement que des résumés, très exacts sans doute, mais trop concis, des anciennes législations scandinaves. — D'ailleurs, nous repoussons absolument la manière de voir de M. Gide sur le caractère germanique du droit scandinave. C'était sans doute une opinion courante autrefois en France comme en Allemagne. Mais depuis on a généralement cessé, en France du moins, de considérer les Scandinaves comme les Germains du Nord, *die Nordgermanen,* suivant l'expression de M. Amira, dans le savant ouvrage qu'il a

Midi, au sein des douceurs de la civilisation et du luxe des cités, avaient presque oublié les mœurs simples et rudes de leur première patrie. Si l'on veut connaître les Germains, il faut remonter pour ainsi dire par les mêmes chemins qu'ils ont suivis dans leurs conquêtes, il faut pénétrer jusqu'aux lieux mêmes d'où ils sont partis, jusqu'à ces presqu'îles du Jutland et de la Scandinavie que Jornandès appelait « la fabrique des nations. »

Ce que M. Gide disait en si bons termes des anciennes lois scandinaves en général, peut s'appliquer mieux encore aux lois suédoises qu'aux lois norvégiennes ou danoises. La Suède, en effet, est en retard de plus d'un siècle sur les deux pays voisins. Ainsi, pour ne donner que quelques exemples, l'esclavage était aboli en Norvège à la fin du XIIe siècle, tandis qu'il ne disparut en Suède qu'au XIVe; l'usage des testaments s'introduisit en Norvège dès le XIIe siècle, et ce n'est guère qu'à la fin du XIIIe que l'on admit en Suède la liberté de tester *ad pias causas;* l'œuvre de rédaction des coutumes commença en Norvège au XIIe siècle, tandis que la plus ancienne des lois suédoises, celle de Vestrogothie, ne fut rédigée qu'au

consacré à l'étude du vieux droit suédois des obligations sous le titre de *Nordgermanisches Obligationsrecht.* Sans doute, il y a une grande analogie, soit dans la mythologie, soit dans les institutions entre la Germanie et la Scandinavie. Mais ces rapports de ressemblance, soit au point de vue religieux, soit au point de vue juridique ne suffisent pas pour établir l'identité de race, sinon il faudrait aller jusqu'à considérer comme des rameaux de la branche germaine les Celtes et les Slaves dont les droits primitifs présentent également, sur un assez grand nombre de points, des rapports d'analogie avec celui des Germains. La vérité, c'est que les peuples de race aryenne ont eu et devaient avoir des institutions analogues, de même que leurs langues peuvent se ramener à un type commun. Mais les diverses nations indo-européennes n'en sont pas moins réciproquement indépendantes. C'est une vérité qu'il nous importe particulièrement d'affirmer, à nous autres Français. Nous avons protesté déjà (*Histoire de l'organisation judiciaire en France à l'époque franque*, Introduction) et nous croyons devoir de nouveau protester contre une thèse qui, même en Allemagne est actuellement abandonnée par les historiens de bonne foi, thèse qui n'est qu'une arme de pangermanisme contre laquelle les Scandinaves eux-mêmes sont depuis longtemps en garde. — Pour M. Laferrière (*Esprit et origine de la coutume de Normandie*, dans la *Revue critique*, t. XII, 1858, p. 8), les Germains et les Scandinaves sont deux branches d'une même famille, la famille gothique, qui s'est anciennement dirigée à l'est et au nord de l'Europe.

commencement du siècle suivant; enfin la substitution d'une loi unique aux diverses coutumes provinciales s'opéra beaucoup plus tôt en Norvège qu'en Suède.

L'état si longtemps stationnaire de l'ancienne civilisation suédoise peut s'expliquer par plusieurs causes dont quelques-unes sont communes d'ailleurs aux autres pays scandinaves. Les populations qui se fixèrent en Suède, Goths et Suions, ne connurent guère, pendant les dix premiers siècles de l'occupation, d'autre industrie que l'exploitation des richesses naturelles, à savoir l'agriculture, la chasse et la pêche. Aussi aurons-nous maintes fois à constater le souci de la loi de Vestrogothie pour tout ce qui touche à l'agriculture, pour le respect de la propriété foncière, des clôtures, des récoltes, des instruments aratoires et qui fait en grande partie de cette loi, comme des autres lois provinciales, une sorte de code rural et économique. Les besoins et les rapports de ces populations de cultivateurs restant toujours à peu près les mêmes, il n'y avait pas de raison pour que leurs institutions subissent de sensibles modifications. — L'échange des idées, comme celui des produits, trouvait de grands obstacles dans la faible densité de la population relativement à la surface considérable du pays, dans l'extrême difficulté de communications entre des régions séparées par des forêts immenses, par une foule de rivières, de lacs et de marais (1). En raison même de ce petit nombre des habitants de la Suède par rapport à son étendue, on peut dire que l'œuvre primitive d'occupation se continuait encore au XIIIe siècle (comme elle s'est continuée beaucoup plus tard) et on en trouve la preuve dans les dispositions nombreuses des lois provinciales sur la colonisation et sur la possibilité pour le premier venu de se pro-

(1) Ainsi la « *Silva carbonaria* » (composée de la forêt de Kolmirkr ou Kolmarth et de celle de Tiwedon) qui séparait la Néricie et le Södermannland des provinces gothes avait encore à sa partie la plus étroite, près de Nyköping, 21 kilomètres de large et atteignait à certains endroits plus de 70 kilomètres de largeur. Des forêts considérables séparaient de même les diverses provinces gothes. — Il fallait un mois, à la fin du XIe siècle, pour traverser la péninsule scandinave de l'embouchure du Götaelv à celle du lac Mälar. V. Amira, p. 12. — La difficulté des communications amena le législateur à se préoccuper de l'hospitalité à donner aux voyageurs (comme dans la Norvège actuelle). V. notamment, loi de Vestr., II, add. c. VI.

curer un domaine en défrichant la forêt, l'*almenning* (1). — On ne rencontrait point ou presque point encore en Suède de grandes agglomérations de population d'où pût partir l'initiative de réformes. Les deux villes les plus importantes, Biœrkö et Sigtuna avaient été détruites la première, au commencement du XIe siècle, l'autre en 1187. Les fondations de Stockholm s'élevaient à peine que Bergen était depuis plus d'un siècle une cité florissante. Au XIIIe siècle, les villes de l'intérieur de la Suède n'étaient guère que des marchés de paysans (2). — D'un autre côté, la centralisation, qui avait pu produire en France d'heureux résultats sous les premiers Carolingiens fut inconnue en Suède jusqu'au commencement du XIVe siècle. Sans doute les diverses provinces de la Suède proprement dite et de la Gothie étaient bien sous l'autorité d'un roi unique, mais l'union entre elles n'existait que dans la personne du roi : chacune avait, au point de vue législatif (V. *infrà*), conservé son entière indépendance. L'organisation profondément démocratique des provinces s'opposait à toute action sérieuse de la royauté sur la législation et nous verrons bientôt que les réformes dues à l'initiative royale sont presque insignifiantes jusqu'à la seconde moitié du XIIIe siècle. — La Suède qui s'était maintenue presque sans révolutions jusqu'à cette époque (car la substitution d'une royauté unique aux diverses principautés qui se partageaient le pays n'eut point de conséquences graves en raison de l'indépendance dont chaque province continua à jouir), avait aussi été à l'abri de ces invasions qui bouleversèrent le reste de l'Europe, entraînant pour certains peuples la perte de leur liberté nationale et occasionnant en même temps des modifications profondes soit dans le droit public, soit dans le droit privé (3). On retrouve donc dans la Suède du XIIIe siècle les Barbares

(1) V. *infrà*, notamment la loi d'Helsingeland, citée à propos de l'almenning.

(2) Amira, *loc. cit.* Pour désigner les places de commerce, on employait l'expression *Kauping, Köping*, qui forme aujourd'hui la terminaison d'un certain nombre de villes suédoises. Lorsque les villes se furent fondées en Suède, elles purent prospérer beaucoup plus facilement que dans l'Europe méridionale, car elles eurent beaucoup moins à lutter contre la féodalité.

(3) C'est à cette cause notamment qu'on peut attribuer l'absence dans la Suède du XIIIe siècle de toute institution féodale.

de la première et très lointaine invasion, et on ne trouve qu'eux. « On peut affirmer, dit Wilda (1), malgré l'incertitude qui plane encore sur la topographie des tribus germaines, que les contrées où Tacite (2) place les Cimbres, les Goths, les Suions, sont les mêmes que ces peuples occupaient encore au moyen-âge. »

Si les races étrangères n'avaient point pénétré en Scandinavie, il en était à peu près de même, à notre époque, des idées étrangères. L'influence de la civilisation romaine ne se fit point sentir. Quant au christianisme, il ne s'introduisit que très tard en Suède, au XIe siècle. « A cette époque, les institutions nationales avaient eu le temps de se développer et de grandir et le clergé chrétien ne put les façonner dès le berceau : comme il l'avait fait pour les législations naissantes des Germains du midi (3). » La culture chrétienne ne fut longtemps que superficielle. La loi d'Upland, rédigée tout à la fin du XIIIe siècle, est encore obligée de poser en tête du livre de l'Église la prohibition du culte des idoles et la défense de « croire aux bois et aux pierres. » De même la loi de Gotland, de rédaction contemporaine à celle d'Upland, contient encore un titre sur « les sacrifices païens » et sanctionne par des amendes les prohibitions qu'elle édicte à cet égard. D'autre part le clergé fut loin, pendant les deux premiers siècles de l'introduction du christianisme en Suède, d'y avoir la situation prépondérante qui lui était reconnue dans l'Europe « méridionale, » suivant l'expression de la loi de Vestrogothie. Le prêtre, dans la première rédaction de cette loi, est encore soumis au droit commun des citoyens, *præster skal i bondalaghum væræ* (Mand. V : 1). Le célibat ecclésiastique ne fut introduit qu'au milieu du XIIIe siècle, et longtemps après on trouvait encore de nombreux prêtres vivant en concubinat (4).

(1) *Das Strafrecht der Germanen*, p. 11.

(2) Il faut se garder d'ailleurs d'ajouter une foi absolue aux récits de Tacite notamment en ce qu'il dit des Suions, Germ., c. 44 : « Apud illos... nec arma ut apud ceteros Germanos, in promiscuo, sed clausa sub custode et quidem servo. »

(3) Gide, *loc. cit.*

(4) Il semble même, selon Amira, qu'il y ait encore eu des évêques mariés dans la première moitié du XIIIe siècle.

Cette situation, exceptionnelle pour l'époque, du clergé suédois, tint d'abord à la cause indiquée plus haut par M. Gide, et ensuite à la manière dont le christianisme s'introduisit et se propagea en Suède. Sans doute, ce ne fut point uniquement par la douceur et par la persuasion que la nouvelle doctrine s'établit; mais, en Suède, le recours à la force brutale pour comprimer le paganisme ne fut que l'exception, et la croisade dirigée en 1123 contre les païens du Småland ne fut heureusement qu'un fait presque isolé de sanglante persécution.

Pour toutes les causes que nous venons de signaler rapidement, il n'est point surprenant que le droit suédois, tel que nous le révèlent les différentes lois provinciales rédigées dans le cours du XIIIe siècle, ait un caractère d'antiquité très reculée et que l'on puisse, grâce à ces sources précieuses, étudier les Barbares dans leur organisation primitive, pour ainsi dire, et au moins aussi bien que dans les Codes germaniques rédigés en latin, soit en Gaule, soit en Allemagne, soit en Italie. Ce n'est pas à dire que, dans l'intervalle de plus de mille ans qui sépare l'établissement des Goths et des Suions en Suède de l'époque où leurs lois furent pour la première fois rédigées, des changements ne soient point survenus dans les institutions de ces peuples. Nous aurons l'occasion d'en signaler plusieurs, notamment la création du nämd (sorte de jury), celle du tribunal du roi, l'abolition du duel judiciaire, l'amélioration de la situation des femmes, la diminution des pouvoirs du père sur ses enfants, l'établissement de la dîme. Mais ces modifications du droit primitif ne se sont guère produites que dans les derniers temps de la période qui a précédé celle de la rédaction des lois. Souvent même les lois provinciales font allusion aux anciennes règles abrogées ou même les rapportent; de sorte que, en définitive, on peut retrouver dans ces lois toutes les institutions fondamentales des Barbares dont parle Tacite. « S'il fallait juger de l'âge d'une institution par la date du texte officiel qui la consacre, ce n'est point aux lois scandinaves qu'appartiendrait le droit d'aînesse... Mais est-il besoin de rappeler combien cette chronologie tout extérieure est trompeuse pour celui qui recherche, non pas la suite des faits, mais les progrès des idées?

Si au lieu de classer les divers codes germaniques d'après la date inscrite sur chacun d'eux, vous les ouvrez et vous en comparez le contenu, vous reconnaîtrez bientôt que les lois les plus récentes par la promulgation sont parfois les plus anciennes par l'origine. Telles sont, en particulier, les lois des Scandinaves.... (1) » et, ajouterons-nous, principalement celles de la Suède.

La coutume fut, pendant bien des siècles, la seule source du droit en Suède. « Mos enim et consuetudo, tacito populi consensu introducta, diu pro lege fuit, et, ut Tacitus aït, hic boni mores plus valuerunt quam alibi bonæ leges (2). » Cette coutume n'était point unique pour toute la Suède. En effet, même après la réunion des différentes provinces sous le sceptre du roi d'Upsal, chacune d'elles avait, comme nous l'avons dit, conservé sa législation propre. Le royaume (*riki*) n'est qu'une confédération d'États (*land*) (3). Il faut, en conséquence, dans l'étude des sources du droit, non-seulement distinguer en Suède le pays des Suions (*Sviar*), la Suède proprement dite, du pays des Goths (*Gautar*), la Gothie (4), mais encore considérer chacune des diverses provinces appartenant à ces deux régions comme constituant un pays bien distinct. Est étranger (*utlændsker*), dans le droit de la province, non-seulement le sujet d'un autre royaume (*utan rikis maþer*), le Danois ou le Norvégien par exemple, mais même l'habitant d'une autre province svéo-gothe, et il en est ainsi dans les relations des habitants de provinces de même race, pour les Vestrogoths par exemple, vis-à-vis des Ostrogoths.

Chaque province a son assemblée spéciale, le *Landsþing* assemblée possédant la plénitude du pouvoir législatif et investie aussi originairement du pouvoir suprême de juridiction. Toutefois, en raison même de la fixité des institutions, le

(1) Gide, *loc. cit.*

(2) Stiernhöök, *De jure Sveonum et Gothorum vetusto*, p. 8.

(3) Sur l'élection du roi par les délégués des provinces et l'obligation où il est de se faire reconnaître par chacune d'elles, V. *infrà*, I, Rb. c. I, et notes.

(4) Les habitants de l'île de Gotland, les *Gutar*, doivent-ils être considérés comme formant une race distincte de celle des Goths? La question ne peut être résolue avec certitude.

pouvoir législatif du Landsþing n'avait que de rares occasions de s'exercer. Le laghmann, magistrat le plus élevé de la province, a eu une influence beaucoup plus considérable sur le développement et la fixation de la coutume. L'existence de la *laghsaga* (*de lagh*, loi, *saga*, dire) a précédé en effet de plusieurs siècles la rédaction des coutumes. Originairement, la coutume, composée seulement de quelques règles simples, était connue de tous, elle se transmettait facilement de générations en générations, et le doute ne pouvait guère s'élever soit sur l'existence, soit sur la portée d'une règle. Mais quand la colonisation eut augmenté d'une manière notable l'étendue du territoire occupé par la tribu, quand les relations entre citoyens, sans être compliquées, furent plus soigneusement réglées, on sentit le besoin de fixer et de publier la coutume que tous cessaient de connaître et qui avait forcément subi certaines variations. Ce fut la mission du laghmann (1) et la raison d'être de la laghsaga en Suède comme dans les autres pays scandinaves.

La laghsaga comprend deux choses distinctes : 1° l'exposition de la loi, *framföra;* 2° son interprétation, *skilia.* — D'abord le laghmann doit, chaque année en principe, exposer oralement tout ou partie de la coutume au peuple assemblé (2). Il fait cette exposition périodique d'après la connaissance personnelle qu'il peut avoir acquise de la coutume, car les exposés antérieurs n'ont pas été mis par écrit. Le but du laghmann est de rafraîchir la mémoire des citoyens ; aussi le voit-on employer à cet effet certains moyens mnémotechniques (rime (3) mètre, allitération) (4). — Le laghmann est en second lieu l'interprète de la loi et il remplit ce rôle soit au landsþing, lorsqu'il tranche un point de droit dans un procès soumis à cette assemblée, soit lorsque les chefs de

(1) Sur la nomination et les fonctions du laghmann, Cpr. *infrà,* I, Rb. c. I-III et notes; IV : 14.

(2) Lettre du 10 mars 1206 du pape Innocent III (Dipl. 131) : « Cum *legislatores* annis singulis teneantur coram populo *legem consuetudinis publicare.* » Cp. IV : 14 : 10.

(3) Cp. I, þb., c. III : pr. note et Fb. c. VII : 1 note.

(4) Les lois provinciales contiennent des traces du caractère oral de cette exposition au peuple. Ainsi dans la loi de Vestrogothie I, Mandr. III : 2, on voit le laghmann interpeller les assistants.

hæraþ le consultent sur les questions douteuses qu'ils ont à résoudre dans les þings locaux.

Le laghmann, grâce à sa double qualité de rapporteur et d'interprète de la coutume, pouvait donc, s'il n'avait en droit aucune part dans le pouvoir législatif, exercer en fait une grande influence sur le maintien et le développement des institutions confiées pour ainsi dire à sa garde. Il n'aurait pu, sans doute, abroger brusquement une règle acceptée et connue de tous. Le roi lui-même n'aurait pas eu ce pouvoir (V. *infrà*). Mais lorsqu'un usage tombait en désuétude, ou que la nécessité d'une modification était universellement reconnue, il avait, si l'on va au fond des choses, la faculté de « faire la loi, » *lagh görd þo*, suivant l'expression de la loi de Vestrogothie (IV : 14 : pr.), envisageant ici plutôt le résultat pratique que la règle constitutionnelle. C'est au laghmann Folke que cette même loi (IV : 14 : 19) attribue l'exclusion des enfants naturels de l'hérédité paternelle. Ainsi encore la loi d'Upland (*Præf.*) qualifie le laghmann Vigerspa de *laghæ yrkir*, *compositor legum*, et une partie de la loi contient les « *wigers flokkar*, » *collectiones a Vigero inchoatæ* (1).

L'action de la royauté sur le développement des institutions juridiques fut à peu près nulle pendant longtemps. C'était une règle incontestée en effet que le roi, loin de faire la loi, devait s'incliner devant les décisions du landsþing et la loi du Södermannland, promulguée en 1325, pose encore en principe que les propositions du roi n'ont force légale que si elles sont approuvées par l'assemblée provinciale. Ce n'est guère qu'au XIIIe siècle, et exceptionnellement, que l'on voit la royauté prendre l'initiative de réformes importantes, notamment en matière de succession et dans le domaine du droit pénal surtout par l'abolition du jugement de Dieu et l'établissement de la paix du roi, de l'*epsöre*. Toutefois, il ne nous paraît pas douteux, malgré les expressions dont se servent les lois provinciales (tel roi a donné, a publié cette loi (2) que, pour réaliser ces innovations, la royauté n'ait été obligée d'obtenir l'assentiment des différentes provinces.

(1) Schlyter, *Gloss. de la loi d'Upland*. Cp. *suprà*, la lettre du pape Innocent III qui qualifie le laghmann de *legislator*.

(2) Cp. Vgl. II. add. VII : 31.

Pas plus que la royauté, l'Église ne peut à elle seule modifier la loi ou la coutume. Les règles du droit ecclésiastique, pour être obligatoires à l'égard des chrétiens de la province, doivent avoir été reçues par l'assemblée provinciale : c'est une décision du landsþing qui, par exemple, introduit la dîme et indique les cas où elle doit être payée. Il n'y a donc pas, dans l'ancienne Suède, comme dans le reste de l'Europe centrale ou méridionale, un droit ecclésiastique se développant parallèlement au droit séculier et indépendant de lui. Le *Kirkiubalk* (livre de l'Église) est simplement un des livres du code de la province, de la landslagh et il est exposé périodiquement par le laghmann comme les autres livres étrangers aux choses de l'Église. Ce livre règle principalement la situation matérielle du clergé et, jusqu'à la fin du XIIIe siècle, il ne consacre presque aucun privilège en faveur des clercs et ne reconnaît en matière de mariage ou de testament, par exemple, aucune des règles du droit canonique.

Les anciennes lois provinciales qui nous ont été conservées, sont le fruit de la laghsaga; elles nous rapportent l'exposition orale et publique du laghmann. La loi d'Ostrogothie qualifie même formellement de laghsaga, l'ensemble des chapitres qu'elle renferme : « Maintenant, dit-elle dans la formule finale, leur laghsaga est terminée, *nu ær laghsagha iþur lyktaþ* (1). » — Pourquoi et comment les coutumes ont-elles été fixées par l'écriture? C'est une question à laquelle il est difficile de répondre. Il est probable que l'on dut sentir les inconvénients de la seule exposition orale quand l'assemblée provinciale, où elle avait lieu, cessa d'être fréquentée régulièrement. D'autre part, la rédaction de la coutume est, à notre avis, une marque de la diminution des pouvoirs du laghmann, diminution à laquelle la royauté a peut-être contribué. Enfin les mêmes causes ont dû vraisemblablement amener la rédaction des coutumes scandinaves et celle des coutumes des autres pays, de la France notamment (2).

(1) C'est pour cette raison que l'on rencontre quelquefois dans les textes des interpellations aux auditeurs.

(2) Cp. Confirmatio de la loi d'Upland : « Licet legum veterum non sit vilis auctoritas, interdum tamen per processum temporum et humanæ propagationis successum convictus mutui modo et ordine variatis nec non insolitis

On rencontre pour deux des lois provinciales, celles d'Upland et du Södermannland, à peu près le même procédé de rédaction que pour nos coutumes, convocation d'un certain nombre de citoyens pour fixer la coutume, confirmation solennelle par le landsþing et sanction du roi (1). Pour les autres lois, nous manquons de renseignements. Il est probable que leur rédaction a été confiée aux soins du magistrat qui était censé le mieux les connaître, au laghmann, procédant à cette œuvre soit seul, s'il avait assez d'autorité et de compétence, soit avec le concours de certaines personnes et l'approbation ou sanction du landsþing.

Les lois provinciales qui nous sont parvenues sont au nombre de huit. On peut les ranger en deux groupes, les lois de la Gothie et celles de la Suède proprement dite. Les lois de la Gothie sont celles de Vestrogothie, d'Ostrogothie, du Småland et celle de l'île de Gotland, si l'on doit rattacher les habitants de cette île à la race Gothe. Aux lois suédoises proprement dites appartiennent les lois d'Upland, du Södermannland, du Westmannland et de l'Helsingeland (2). A côté des lois provinciales nous devons signaler les anciennes lois des villes, ce que, vers la fin du XIIIe siècle, on nommait le *jus civile* ou *jus civitatis* par opposition aux *leges terræ*, ou, en suédois, *byærköa rætten*. Les lois des villes n'ont toutefois qu'une importance secondaire pour l'étude de l'ancien droit suédois. Le point de départ de ce *jus civile* est, en effet, la loi de la province dans laquelle est située la ville. Quant aux

aliquibus contingentibus casibus, nonnullis et antiquitatibus minus lucide traditis immutari quoque contingit leges et statuta, quibus humanæ fragilitatis mores regulari et litigia quietari competit æquitatis tramite observato... per plura dispersis volumina contineri... aliqua obscure tradita... dispendiosis incommodis adhibere remedium. »

(1) Confirmatio précitée : « Cum his igitur (XII viris, etc...) omnibus diligenti indagine expleto discutionis, compilationis et examinationis negotio leges ipsas convocato communi eorum... placito in omnium audientia promulgarunt. »

(2) Nous ne possédons pas les lois des provinces suédoises de Nerike et du Wärmland. Quant aux provinces de Hallandia, de Scania et de Blekingia, situées à l'extrémité méridionale de la Suède, le long des côtes, elles appartenaient au Danemark. D'un autre côté, la Norvège possédait le littoral du Skaggerrack jusqu'à Göteborg, de sorte que la Suède ne touchait aux eaux toujours libres de la mer du Nord que par une très faible étendue.

règles de droit municipal proprement dit, elles sont d'une origine relativement moderne. Les villes étaient d'ailleurs très peu nombreuses, surtout dans les provinces centrales, comme la Vestrogothie (1).

« La collection des anciennes lois suédoises (y compris les lois de Magnus Eriksson et celle de Christophe de Bavière communes à toute la Suède), commencée en 1827 par MM. Collin et Schlyter, continuée depuis 1834 par ce dernier seul, et terminée par lui en 1877, après cinquante ans de travail, est un des monuments les plus considérables qui aient été élevés, dans ce siècle, à l'histoire du droit. Ces lois n'étaient connues jusqu'ici que par des éditions anciennes, incomplètes ou fautives, ou par des traductions plus fautives encore. C'était tout ce qu'on pouvait faire, il y a deux cents ans, à une époque où l'on commençait à peine à étudier scientifiquement l'histoire du Nord et la philologie scandinave. Aujourd'hui, tous ces vieux livres sont devenus inutiles. Grâce à M. Schlyter, nous pouvons enfin lire les anciennes lois suédoises dans des textes corrects, établis d'après la comparaison de tous les anciens manuscrits... Les savants du Nord peuvent maintenant écrire l'histoire de leur droit (2).... » — Une autre collection est également utile pour l'étude de l'ancien droit suédois, c'est celle des diplômes, *Diplomatarium suecicum*, dont la publication commencée par Liljegren, en 1829, a été continuée après sa mort (en 1837) par Hildebrand, mais qui ne comprend malheureusement qu'un nombre assez restreint de diplômes antérieurs au XIVe siècle (3).

De toutes les lois de l'ancien droit suédois, la plus ancienne et la plus intéressante en même temps, est la loi de Vestrogothie (4). C'est elle qui, en raison de la date de sa pre-

(1) Un manuscrit du Byærköarætten pourrait faire croire que les règles qu'il renferme étaient celles de la ville de Lödöse en Vestrogothie, mais il est établi qu'elles ont été édictées originairement pour Stockholm. V. Schlyter, *Corpus juris*, XI, p. 59 et s.

(2) Dareste, *loc. cit.*

(3) V. Maurer, *Udsigt over de nordgermaniske retskilders historie.*

(4) La Vestrogothie serait, selon Nordström, le pays où les Goths s'établirent primitivement. Ils auraient émigré de là en Ostrogothie. L'invasion était, en effet, plus facile par la côte danoise que par la côte russe ou finlandaise. C'est aussi l'opinion de Wilda, *l. c.*, p. 26. C'est pour cette raison que,

mière rédaction peut donner l'idée la plus exacte des institutions primitives (1) (2). La première rédaction de notre loi (formant, dans l'édition de Schlyter, le *Codex antiquior juris vestrogotici, den äldre codex af Westgötalagen*) qui date du commencement du XIIIe siècle (3), est attribuée au laghmann

d'après cet auteur, l'assemblée de la province aurait continué à être appelée *Aldra Göta þing* (þing de tous les Goths) même après que l'Ostrogothie eut son assemblée particulière. — La Vestrogothie était bornée au Nord par la forêt de Tyved qui la séparait de la Néricie et par le lac Wenern qui la séparait du Wärmeland. Le Götaelv (l'Elv, la rivière par excellence) formait limite avec la province norvégienne d'Alfheimar. La Vestrogothie ne touchait à la mer que sur une faible étendue de deux à trois milles géographiques. La province de Hallandia (appartenant alors au Danemark) s'interposait au sud-ouest entre la Vestrogothie et la mer. La frontière du Småland suivait, un peu à l'ouest de la Nyssa, une ligne parallèle à cette rivière. Enfin le lac Wettern séparait la Vestrogothie de l'Ostrogothie (V. pour la division territoriale de la Suède aux XIIIe et XIVe siècles, les cartes du no 64 de l'Atlas historique de Spruner-Menke. Ces cartes ne sont point toutefois rigoureusement exactes; elles placent notamment dans la province norvégienne d'Alf heimar l'île de Hising (à l'embouchure du Götaelv) qui appartenait à la Vestrogothie. V. *Cod. antiq.* Vg. Kirk.) Les limites de la province sont indiquées par notre loi I, Kongb. et IV : 10.

(1) La loi de Vestrogothie remonterait tout au moins au laghmann païen Lumbær « de qui la loi s'appelle Lums lagh » (IV : 14 : 1) et après qui, dans la liste des laghmanns, nous voyons encore un autre magistrat païen.

(2) Certains auteurs (Hadorph, Calonius, Schildener, Nordström), se fondant sur certaines particularités de la loi de l'île de Gotland, avaient admis que la rédaction en était antérieure à celle du Codex antiquior de la loi de Vestrogothie. Mais Schlyter a victorieusement démontré (*Corpus juris*, t. VII, p. 5-9) que la loi de Gotland n'a été fixée qu'à la fin du XIIIe siècle, à l'époque où Magnus Ladulås rattacha plus fermement l'île à la péninsule suédoise. La loi d'Ostrogothie a été rédigée à la fin du XIIIe siècle et celle du Småland au commencement du XIVe.

(3) En ce sens, Maurer., *l. c.*, p. 163. Wilda, *l. c.*, p. 36, fait remonter à la seconde moitié du XIIe siècle la première rédaction de la loi de Vestrogothie. Voici comment il arrive à cette conclusion : La loi d'Ostrogothie, Rb. c. III : 2, rapporte que le roi Knut abolit la prise de *nam* (V. *infrà*, Rb. c. VII) pour les dettes ordinaires. Ce roi Knut est, pour Wilda, le roi Knut Eriksson qui mourut en 1195. D'autre part, le *Codex antiquior* de notre loi admet encore parfaitement la validité de la prise de nam que le *Codex recentior* seulement ne reconnaît plus. C'est donc que le *Codex antiquior* a été rédigé avant la mort du roi Knut. — Cette argumentation peut, à notre avis, prêter à la critique à deux points de vue. D'abord parce qu'elle méconnaît l'indépendance respective des diverses provinces quant au développement législatif. Certaines institutions ont pu disparaître dans une province quand

Eskil, frère du fameux Birger Jarl et le dix-septième dans la série des magistrats de ce rang qui nous a été transmise par la loi de Vestrogothie (1). Ce laghmann y est signalé, en effet, par l'activité qu'il a déployée, collationnant et améliorant l'ancien droit. A la fin du XIIIe siècle, on procéda à une nouvelle rédaction de la loi (le *Codex recentior juris vestrogotici, den yngre Codex af Westgötalagen*), rédaction dont l'auteur est resté inconnu (2). Le *Codex juris vestrogotici* comprend en troisième lieu un certain nombre de règles empruntées par un nommé Lydekin (3) soit au *Codex antiquior*, soit au Codex recentior, soit à d'autres sources perdues pour nous (*Lydekini excerpta et adnotationes*, *Lydekini excerpter och anteckningar*). La quatrième partie du droit vestrogoth est formée des « *incerti auctoris variæ adnotationes*, *åtskilliga anteckningar af okänd författare.* » Ces notes, dont quelques-unes ne sont que des extraits des deux rédactions complètes de la loi renferment en outre des détails intéressants au point

elles étaient encore en vigueur dans la province voisine. En second lieu, il n'est pas certain que le roi Knut dont parle la loi d'Ostrogothie soit le fils d'Erik ; ce pourrait être aussi Knut Lange (mort en 1234). Wilda estime que, en raison des guerres civiles qui troublèrent la Suède jusque vers 1160, la première rédaction de la loi de Vestrogothie ne dut avoir lieu que de 1160 à 1190. — D'un autre côté, se fondant sur ce qui est dit dans notre loi du laghmann Eskil (IV : 14 : 17), Wilda attribue à ce magistrat la nouvelle rédaction, le *Codex recentior*. Il estime que cette rédaction a dû avoir lieu dans les premières années du règne de Birger Jarl, mort en 1266, parce que, dit-il, il n'est question de l'eþsöre introduit par Birger Jarl (Cp. II, add., c. VII et notes) que dans les *addita* au *Codex recentior* et non dans le *Codex* même. C'est une erreur ; le chapitre XI Fr. du C. R. parle déjà de la violation de l'eþsöre.

(1) IV : 14. Cette énumération comprend des laghmanns de l'époque païenne.

(2) Les textes du *Codex antiquior* sont, comme nous le verrons, reproduits presque tous dans le *Codex recentior*. Mais dans la première rédaction la forme est beaucoup plus concise en général, et aussi parfois plus obscure ; le *Codex recentior* peut, en bien des passages, être considéré comme le commentaire de l'ancienne loi. Quant aux différences de fonds, nous les signalerons à leur place.

(3) Le nom de *Lydekin* se trouve dans deux diplômes, l'un du 6 janvier 1315, où il s'applique à un habitant de Skara, l'autre du 23 octobre 1330, où il vise le curé de l'église de S. Olaf à Lödöse (Dipl. n°s 1997 et 2809). Lequel de ces deux personnages est l'auteur des *excerpta?* C'est ce qu'on ne peut pas dire.

de vue de l'histoire et de la géographie de la province, et un titre en latin sur « le droit de l'Église. » Enfin un cinquième fragment, dû également à un auteur inconnu, *appendix* et traitant des revenus du roi, vient compléter l'ensemble des textes relatifs à l'ancien droit de la Vestrogothie.

Une première édition de ces textes (ou plutôt d'une partie de ces textes) fut donnée en 1663 par Stiernhjelm sous le titre de *Wäst-Götha Laghbook*. Stiernhjelm, qui était loin d'ailleurs d'avoir à sa disposition tous les manuscrits dont s'est servi Schlyter, a voulu arbitrairement fondre en un seul corps de lois les différentes parties du Codex juris vestrogothici ci-dessus mentionnées, les disposant à son idée en livres et chapitres, mêlant les dispositions du Codex antiquior à celles du Codex recentior et aux excerpta de Lydekin, imaginant des livres qui n'existent dans aucun manuscrit, composant lui-même des titres aux chapitres. « Præterea permulta mutavit, addidit et omisit, prout ipsi bonum est visum, ingentem illam turbam vitiorum ut taceamus, quæ falsæ lectioni tribui potest, ut adeo jure nostro statuere possimus nullum unquam juris codicem magis barbara perversaque ratione esse editum. » Tel est le jugement, peut-être un peu sévère, que porte Schlyter (préface, p. XLVI) sur l'œuvre de Stiernhjelm. — On comprend sans peine que la traduction latine du Code de Stiernhjelm par Loccenius en 1691 (1) fourmille d'omissions et d'erreurs, que nous aurons du reste plus d'une fois l'occasion de signaler. Aussi Schlyter considère-t-il comme une perte insignifiante pour la science celle d'un grand nombre d'exemplaires de la traduction de Loccenius détruits dans le grand incendie qui dévora Upsal le 16 mai 1702, et déclare-t-il ironiquement que cette traduction, faite avec autant de négligence que les autres œuvres de Loccenius, ne peut être utile qu'à celui qui peut s'en passer. Quant aux notes ajoutées par Lundius à la traduction de Loccenius, elles sont loin d'apporter la lumière dans les questions, parfois si délicates, qui se présentent sur le sens et la portée des textes. L'œuvre de traduction et d'annotation entreprise par Bring au com-

(1) Sous ce titre « *Legum W. Gothicarum in Svionia liber, quem e Gothico in latinum convertit Loccenius.* » Cette traduction ne se trouve à Paris, croyons-nous, qu'à la Bibliothèque nationale.

mencement de ce siècle, aurait eu une valeur bien supérieure si elle n'était malheureusement restée inachevée presque aussitôt que commencée. La traduction de Bring (1), qui ne comprend que quelques livres du Codex recentior et quelques chapitres des Addita à ce Codex, renferme néanmoins un certain nombre d'erreurs (2) et son auteur, plus honnête que Loccenius, ou doué de moins d'imagination, avoue plusieurs fois que le sens d'un mot ou d'un texte lui échappe (3).

En essayant à notre tour de donner une traduction de la loi de Vestrogothie, nous n'osons nous flatter de n'avoir commis aucun contresens et d'avoir dissipé toutes les obscurités des textes. Notre tâche, il est vrai, a été singulièrement facilitée par l'excellente édition de Schlyter et par le glossaire dont il l'a accompagnée. Toutefois, l'extrême concision (et même les lacunes) de certains passages, la disparition de coutumes et d'usages signalés par de simples allusions, l'incertitude de l'orthographe et de la ponctuation, rendraient cette œuvre de traduction très délicate même pour celui qui posséderait à fond la philologie suédoise. Nous nous sommes préoccupé surtout de donner une traduction aussi littérale que possible, et cela dans un double but : d'abord pour éviter les phrases qui, pour être plus élégantes, auraient été souvent moins exactes et ensuite pour conserver, autant que faire se pouvait, à l'ancienne loi gothe sa véritable physionomie barbare, grossière parfois, et répondant si peu à celle de nos Codes modernes. Lorsque nous nous sommes cru obligé d'ajouter au texte, pour éviter l'obscurité trop grande de la phrase, nous l'avons indiqué par des parenthèses. C'est pour la même raison que nous nous sommes abstenu parfois de traduire certains mots pour qui notre langue n'offrait point d'équivalent, donnant alors en note le sens du mot vestro-

(1) Publiée de 1812 à 1822 sous le titre : « *Codex juris vestrogothici ex.... manuscripto multum a Stjernhjelmiano discrepante, transcriptus.* »

(2) « Versio latina vix melior expectari potuit ab eo qui neque ipsius argumenti, nec veteris nostræ linguæ peritia satis instructus fuit, quique, ut ex multis locis evidens est, hac etiam in re tam incuriose egit, ut ne perlegisset quidem hunc juris codicem, antequam illum vertendum edendumque susciperet. » Schlyter, *loc. cit.*, p. LI.

(3) On a publié à différentes époques des parties séparées de la loi de Vestrogothie. Ces éditions sont indiquées par Schlyter, *loc. cit.*, p. LV et s.

goth. En un mot, et avant tout, suivant les expressions de Stiernhöök : « *Meum fuit bona fide referre... fuit cura veritatis.* »

Voici les ouvrages auxquels nous nous référons par la simple indication du nom de leur auteur :

AMIRA, Nordgermanisches Obligationrecht. I Altschwedisches Obligationrecht. Leipzig, 1882.
BRING, Codex juris vestrogothici. Lund, 1812-1822.
DARESTE, Les anciennes lois suédoises, Journal des savants, sept.-oct. 1880.
GRIMM, Deutsche Rechtsalterthümer, 2e édit. Göttingen, 1854.
IHRE, Glossarium Suiogothicum.
LOCCENIUS, Legum W. Gothicarum in Svionia liber. Upsal, 1691.
LUNDIUS, Notæ ad versionem Loccenii. *Ibid.*
NORDSTRÖM, Bidrag till den svenska samhällsförfattningen historia. Helsingfors, 1839-40.
OLIVECRONA, Om makars giftorätt i bo, 5e édit. Upsal.
STIERNHJELM, Wäst-Götha Laghbook. Stockholm, 1663.
STIERNHÖÖK, De jure Sveonum et Gothorum vetusto. Holmiæ, 1672.
UPPSTRÖM, Öfversigt af den svenska processens historia. Stockholm, 1884.
WILDA, Das Strafrecht der Germanen. Halle, 1842.

Dans l'indication des sources du droit, nous usons des abréviations suivantes :

SCHLYTER, I-XII = Corpus juris Sveo-Gothorum antiqui.
SCHLYTER, Gl. = Glossarium ad corpus juris Sveo-Gothorum antiqui, formant le XIIIe vol. de la collection.
SCHLYTER, Gl. Vg. = Glossarium spécial à la loi de Vestrogothie, à la fin du tome I du Corpus juris.

Vg. = Loi de Vestrogothie d'après l'édition de Schlyter, dont les différentes parties ou les divers livres sont indiqués de la manière suivante : I ou C. A. = Codex antiquior. II ou C. R. = Codex recentior. III = Lydekini excerpta et adnotationes. IV = Incerti auctoris variæ adnotationes. V = Appendix — Ab = Arfþær (arvæ) bolkær (l. VII du C. A. et l. VI du C. R.) Bb. = Bardaghæ bolkær (l. V du C. A. Br. = Biscups bryniofs staþue, (l. XVIII du C. A.). Cb. = Conongs bolkær, (l. XVI du C. A.). Drb. = Dræpare bolkær (l. V du C. R.). Fb. = Fornamix bolkær (l. XIV du C. A. et l. XII du C. R.). Fs. = Fornæmix sakir (l. XIII du C. A.). Frb. = Friþ bolkær (l. III du C. R.). Gb. = Giptar bolkær (l. VIII du C. A. et l. VII du C. R.). Jb. = Jordþær bolkær (l. X du C. A. et l. X du C. R.). Kb. = Kirkiu bolkær (l. I du C. A. et l. I du C. R.). Lr. = Lecara rætar (l. XV du C. A.). M. = Huru mylnu skal gæræ (l. XI du C. A.). Mb. = Mölno bolkær (l. XI du C. R.). Md. = Af mandrapi (l. II du C. A.). O = Orbotæmal (l. VI du C. A. et l. IV du C. R.). Præf. = Præfatio du C. R. Rb = Retlosæ bolkær (l. IX du C. A. et VIII du C. R.). Sb. = Af særæ malum bolkær (l. III du C. A.). Ub. = Utgiærþæ bolker (l. XIII du C. R.). Vs. = Af vaþæ sarum (l. IV du C. A.). Vk = Westgöta Kyrkior (l. XIX du C. A.). Þb = Þiuvæ (þiufva) bolkær (l. XII du C. A. et IX du C. R.). Þl. = Horo þing lot skal skiptæ (l. XVII du C. A.).

Dipl. = Diplomatarium suecicum (Liljegren et Hildebrand).
Got. = Gotlandslagen, édition de Schlyter.
H. = Helsingelagen, *ibid.*
Ll. = Landslagen de Magnus Eriksson, *ibid.*
Sm. = Södermannalagen, *ibid.*
Upl. = Uplandslagen, *ibid.*
Wm. = Westmannalagen, *ibid.*
Ög. = Östgötalagen, *ibid.*

I. CODEX ANTIQUIOR.

LIVRE I.

De l'Église *(Kirkiu Bolkær)* *.

I (1). Christ est le premier dans nos lois (2); puis vient notre religion chrétienne et tous les chrétiens, le roi, les propriétaires et tous les paysans, les évêques et tous les clercs (3). Si un enfant est porté à l'église (4) et si l'on demande le bap-

* Les anciennes lois provinciales commencent par un livre consacré au droit ecclésiastique. C'est seulement dans la Landslag de Magnus que le droit constitutionnel (Konungabalk) occupe la première place. Ce changement de rédaction est significatif.

I. (1) Cp. II, Kb. c. I.

(2) Selon Schlyter (Gl. Vg., p. 444 et Gl. p. 355) il faudrait traduire : « Christ est le premier dans nos lois depuis que la foi chrétienne a été reçue dans le pays et que tous les rois, les propriétaires et tous les paysans, les évêques et tous les clercs furent chrétiens. » Nous préférons le sens proposé par M. Richert dans la *Nordisk Tidskrift for Filologi*, 1878, p. 1, *Om den rätta betydelsen af Västgötalagens indlednings- och slutord*. Voici quelle serait alors, d'après cet auteur, la portée du texte : Christ occupe la première place dans nos lois; nos lois doivent commencer par l'invoquer; d'autre part elles doivent d'abord s'occuper de lui pour assurer l'honneur et le respect qui lui sont dus. Puis, après le fondateur du christianisme, doit venir la religion chrétienne elle-même dont nos lois doivent assurer la protection et enfin tous ceux qui ont embrassé la vraie religion, qu'il s'agisse du roi, des propriétaires ou des membres du clergé. Cette interprétation de la formule d'introduction de notre loi nous semble plus conforme au texte même que celle de Schlyter; elle est d'autre part plus rationnelle et enfin on peut l'appuyer sur la comparaison d'autres lois provinciales, notamment de la loi de Gotland.

(3) Le christianisme fut introduit en Suède au commencement du XIe siècle par Sigfrid et quelques prêtres venus d'Angleterre qui convertirent le roi Olaf Skotkonung et fondèrent un évêché à Skara, en Vestrogothie. Cp. IV : 16 : 1.

(4) *Bönder oc allir bokarlær* : Schlyter (Vg. Gl. vo *Bokarl*) voit dans *bokarlær* une allitération. Ihre (Gl. Sv. Goth) estime, au contraire, que *bokarl*

tême, le père et la mère doivent se procurer un parrain et une marraine et du sel et de l'eau. On doit le (l'enfant) porter à l'église. On doit alors demander le prêtre. Il doit demeurer au presbytère. Il doit faire le signe de la croix (5) sur l'enfant à la porte de l'église. Puis il doit consacrer les fonts baptismaux. Le prêtre (doit) baptiser l'enfant, et le parrain doit le tenir, la marraine indiquer son nom. Le prêtre doit dire pendant combien de temps le père et la mère doivent l'entretenir. En cas de maladie et si l'on ne peut pas venir à l'église, le parrain doit le baptiser et la marraine doit le tenir dans l'eau, s'il y a de l'eau. (On le baptise) au nom du Père, du Fils et du Saint-Esprit. On doit alors enterrer l'enfant dans le cimetière et (il recueille) la succession (6).

II (1). (Le propriétaire qui ne vient pas au rendez-vous fixé avec l'évêque doit payer une amende de trois marks (2). Il

signifie spécialement « celui qui cultive la terre d'un propriétaire. » — Les allitérations se rencontrent d'ailleurs très fréquemment dans les anciennes lois scandinaves et germaines.

(5) *Brymsigna* : faire le signe de la croix sur le front et la poitrine de l'enfant, conformément aux prescriptions du droit canonique (C. 63, D. 4, *De consecr.*). Cp. II, Kb. c. IV; IV : 21 : 8.

(6) Il faut suppléer ici par le C. R. c. I, *in f.*

II. (1) Cp. II, Kb. c. IV; IV : 21 : 28.

(2) Le mark = 8 öres = 24 örtughs = 192 pennings. — Les pennings suédois qui avaient cours dans tout le royaume Svéo-Goth (Schlyter, Gl. v° *Pænning*) semblent avoir eu une valeur double des pennings goths. En effet, le c. XLIII, Kb. du C. R. parle de 4 pennings suédois pour une hypothèse où la même loi, III : 1, parle de 8 pennings (goths). — La loi de Vestrogothie emploie quelquefois les expressions de *bla pænningær, erpænningær*, pennings noirs, ce que Schlyter entend de monnaies de cuivre. Amira estime, au contraire, que le penning est toujours en argent mais allié de cuivre (Cp. C. R., Kb., c. XXXIX, note 2).

Il faut distinguer le *vägen mark* (mark pesé. Vg. C. A. Ab., c. XXII) du *tald mark* (mark compté, Ög. Ab., 14). Avec deux öres d'or ou avec deux marks pesés on peut affranchir son parent, d'où il résulte que 1 öre d'or = 1 mark d'argent et que le rapport de l'or à l'argent était, à l'époque de la rédaction de notre loi, 8 : 1. Selon Nordström, un mark pesé, équivaudrait, en monnaie suédoise moderne, à 8 riksdalers specie ou à 21 1/3 riksdalers banco au titre de la loi de 1835; un mark compté à 4 riksdalers specie ou à 10 2/3 riksdalers banco. — Notre loi, (V : 1) estime à un mark la valeur courante d'une vache, à un öre celle d'une chèvre ou d'un mouton et à douze öres celle d'un bœuf ou d'une jument. Cp. C. A. Rb. c. IX : 1.

La Suède n'eut de monnaies nationales qu'assez tard. Le roi Olaf Skotko-

est excusé) (3) lorsque son *gengærþ* (4) brûle. L'évêque a droit à être hébergé deux nuits et un jour avec douze hommes, lui-même treizième, et il boira du lait ainsi que tous ses clercs.

III (1). Si quelqu'un est tué dans l'église, c'est un *niþingsværk* (2). L'église toute entière doit alors être consacrée. S'il y a plus de dix ans qu'elle ne l'a été, on doit donner à l'évêque trois marks pour la consécration et l'héberger une nuit (3). S'il y a plus de dix ans que la dîme capitale (4) a été payée et si l'on veut faire consacrer l'église, on doit payer la dîme capitale.

IV (1). Les fermiers (*landboe*) ne doivent pas payer la dîme capitale plus d'une fois, à moins qu'ils n'y consentent ou qu'ils ne commettent un péché capital (2).

V (1). Si la table de l'autel est enlevée, le prêtre doit avertir l'évêque ou payer une amende de trois marks. Les propriétaires doivent alors donner à l'évêque trois marks pour

nung fit frapper les premières au commencement du XIe siècle. Il n'y eut du reste pendant longtemps que peu de monnaies en cours, car, même à la fin du XIIIe siècle, nous voyons que Siggi Guþormson, un riche Ostrogoth, ne possédait, d'après son testament, que deux marks d'argent. Testam. de 1283, Dipl. 762. — Sur cette question des monnaies dans l'ancienne Suède, V. notamment Montelius, *Sveriges hednatid samt medeltid*, p. 179 et s.; Amira, p. 443 et s.

(3) La lacune qui existe dans le c. II du C. A est suppléée par le c. IV, du C. R.

(4) *Gengærþ* = commeatus, qui episcopo obviam in itineribus ejus vehebatur; Schlyter, Gl. Vg. — IV : 21 : 90, traduit gengærþ par procuracio.

III. (1) Cp. II, Kb. c. V; IV : 21 : 54, 9.

(2) V. sur le sens de ce mot, *infrà*. Om. note 1.

(3) IV : 21 : 9 : « Item pro reconciliacione procuracionem unius noctis. »

(4) *Hovoþtiundi* : dîme des biens meubles.

IV. (1) Cp. II, Kb. c. VI; IV : 21 : 106.

(2) *Hovoþsynd* : péché qui doit être expié par une pénitence publique. Schlyter, Gl. Vg.

V. (1) Cp. II, Kb., c. VIII; IV : 21 : 8, 51. IV : 21 : 8. « Item pro consecratione Ecclesiæ et altaris simul habebit episcopus procurationem duarum noctium et talentum (mark = livre) ceræ de parochianis et servientes ejus XIII oras cum solido etiam de parochia et VI marcas denariorum de ecclesia. Item dolia redimentur a clientibus pro XII oris swenis et tapetum et VIII ulnas tele tenetur consecrans habere cum quo se cingit. Pro consecratione vero altaris tantum procuracionem unius noctis et dimidium talentum ceræ et famuli XIII oras cum solido de parochia et III marcas de ecclesia. »

la consécration de l'autel et l'héberger une nuit, et trois marks pour (la consécration de) tout le cimetière, douze öres pour (celle d'une partie du) cimetière et douze öres pour celle du campanile (2). Pour la dîme que lui donnent les propriétaires, l'évêque doit bénir les croix, les cloches, les calices et les ornements sacerdotaux et confirmer les enfants.

VI (1). Si l'église commence à menacer ruine, si les piliers sont debout, si les traverses inférieures sont à terre (2), si les poteaux d'huisserie et les traverses supérieures sont intactes, si le faîte est renversé, la table de l'autel et l'autel étant intacts, l'église n'aura pas besoin d'autre consécration, si on la répare, à condition que tous ces (objets précités) soient intacts.

VII (1). Si l'église est fracturée et les ornements sacerdotaux volés, c'est un niþingsværk. C'est une affaire de neuf marks au profit de l'église, autant pour le hæraþ (2) et autant pour le roi. — § 1. Si l'on a pénétré par la porte ouverte, le prêtre doit réparer le dommage causé à l'église jusqu'à concurrence de trois marks et non davantage, parce que le dommage serait plus considérable. — § 2. Si l'on a creusé sous les traverses inférieures, le prêtre n'est pas responsable. —

(2) *Stapul* : strues trabum compactarum, in qua pendent campanæ. Schlyter, *loc. cit.*

VI. (1) Cp. II, Kb., c. IX.

(2) *Liggia sillir* : littéralement : Jacent trabes infimæ. Loccenius traduit : Jacent integræ, incorruptæ. Il nous paraît, au contraire, qu'il y a opposition entre *helt*, et *liggia*.

VII. (1) Cp. II, Kb. c. XI-XIII; IV : 21 : 48.

(2) Le *hæraþ* (härad moderne) est une subdivision de la province comprenant plusieurs bourgs (*byar*) et administrée par un magistrat nommé *hæraþshöfþingi*. Le hæraþ vestrogoth correspond au *hundari* d'autres lois suédoises, à la centaine germanique. Stiernhöök (p. 29) donne à ce mot l'étymologie suivante : « Heredam autem ab exercitur dici volunt, qui nostra voce haar nuncupatur et odhe quod extra controversiam possessionem denotat, quasi posset quilibet ejusmodi districtus exercitum proprium alere et educere. » — A l'origine, le hæraþ fut un lien personnel, puis il devint une division territoriale. (Nordström I, p. 14. Hjelmerus, *Bidrag til svenska jordeganderättens historia*, p. 46.) — Le hæraþ constitue la division principale. C'est entre les citoyens du hæraþ qu'existe d'une manière étroite l'association de paix destinée à garantir leur sécurité mutuelle. — Pour la subdivision du hæraþ, V. I, Smb. c. III, note 2.

§ 3. Si l'objet volé est retrouvé, le voleur doit, après que l'église a tout ce qui lui revient, payer au prêtre trois marks (3).

VIII (1). Si l'église brûle, le prêtre doit payer trois marks d'amende. Le prêtre doit veiller aux lumières qui sont devant lui lorsqu'il est à l'autel; celles qui se trouvent derrière (sont surveillées) par celui qui les allume. — § 1. Si dans l'église le feu est communiqué à des ornements sacerdotaux par les lumières qui sont devant le prêtre, celui-ci doit réparer le dommage jusqu'à concurrence de trois marks, mais non davantage parce que le dommage serait plus grand. — § 2. S'il y a contestation entre le prêtre et un paroissien, si le prêtre dit que le paroissien a allumé (l'incendie) et si le paroissien nie, celui-ci offrira de prouver par le serment d'une *tylpt* (2) qu'il n'a pas allumé (l'incendie) (3) et lorsqu'il a juré, le prêtre doit payer l'amende.

IX (1). Si le prêtre emporte chez lui des ornements sacerdotaux qui viennent à se détériorer, il doit en payer la valeur, en affirmant par serment qu'ils n'étaient pas meilleurs (qu'il ne l'affirme).

X (1). Si une cloche est pendue dans l'église et tombe sur la tête de quelqu'un, le marguillier paiera pour la paroisse neuf marks au propriétaire s'il est tué. — § 1. Si une cloche du campanile tombe sur la tête de quelqu'un, la paroisse paiera trois marks s'il (la victime) en est tué. — § 2. Si la cloche tombe sur la tête du prêtre ou du sacristain, il n'y a pas lieu à indemnité. — § 3. Si la cloche se brise par leur fait (du prêtre ou du sacristain), ils ne paient point d'indemnité. — § 4. Si la cloche tombe par le fait d'un autre et se brise,

(3) IV : 21 : 48 : « ... Si vero fodiendo subter baseum (basin) intraverit, non imputatur sacerdoti. Si vero furtum postea repertum fuerit tunc fur emendat sacerdoti tres marcas cum ecclesie restitutum fuerit quod amiserat. »

VIII. (1) Cp. II, Kb. c. XIV, XV; IV : 21 : 49.

(2) *Tylpt* : réunion de douze cojureurs venant attester la sincérité du serment prêté par une partie. Sur le rôle des cojureurs et du næmd dans la procédure, V. II, add. VII : 25, note 1.

(3) Le c. XV du C. R. Kb. ajoute la formule consacrée : « Que Dieu me soit propice et à mes cojureurs, que je n'ai pas allumé (l'incendie) et que je ne suis pas coupable dans cette affaire. »

IX. (1) Cp. II, Kb. c. XVI; IV : 21 : 50.

X. (1) Cp. II, Kb. c. XVII-XX; IV : 21 : 52.

(le coupable) paiera une amende égale à la valeur de la cloche si celle-ci vaut moins de trois marks, mais non plus que trois marks parce qu'elle vaudrait plus.

XI (1). S'il y a désaccord dans la paroisse, l'avis de la majorité prévaudra.

XII (1). Lorsque quelqu'un est tué ou blessé dans l'église, on doit payer trois marks à l'évêque. On ne peut plus célébrer le service divin avant d'avoir obtenu la permission de l'évêque, sinon il (le prêtre) paiera une amende de trois marks. L'évêque doit assigner la paroisse, mais celle-ci recourra contre celui qui a commis le crime. — § 1. Si quelqu'un est frappé dans le cimetière ou pris par les cheveux, on paiera à l'évêque une amende de douze öres. Le prêtre ne doit pas dire la messe avant d'en avoir reçu l'autorisation de l'évêque ou de son représentant (2). (L'évêque doit assigner la paroisse) mais celle-ci peut recourir contre celui qui a violé la paix (3). — § 2. Si la paroisse nie et dit que la paix n'a pas été violée,

XI. (1) Cp. II, Kb. c. XXI; IV : 21 : 53.

XII. (1) Cp. II, Kb. c. XXII, XXV; IV : 21 : 9, 11, 54. IV : 21 : 54. « Item si aliquis percussus fuerit in cymiterio absque effusione sanguinis, presbiter ibidem libere sepeliat et in Ecclesia celebret. Si vero in Ecclesia aliquis interfectus fuerit vel ad effusionem sanguinis percussus non debet sepeliri in cymiterio nec in ecclesia ante reconciliationem celebrari quia polluta ecclesia polluitur etiam et cimiterium sed polluto cimiterio non polluitur ecclesia. Si vero cimiterium tantum modo pollutum fuerit in Ecclesia nihilhominus potest sepeliri. »

(2) *Læsprester* : mandatarius episcopi, præpositus territorialis, Schlyter, Gl. Vg.

(3) *Friþ* : publica securitas ab aliorum injuriis et speciatim a vindicta eorum quos aliquis læsit. Schlyter, Gl. Vg. « La paix, dit Schulte (*Histoire du droit et des institutions de l'Allemagne,* trad. Fournier, p. 28), est cet état dans lequel le droit de chacun et de tous est protégé par l'assentiment général. L'ensemble des rapports protégés et reconnus par la communauté forme le droit... Il était de l'intérêt de la communauté que la paix régnât et qu'aucun droit ne fût violé. La violation du droit était comme la violation et la rupture de la paix; aussi l'auteur de ces troubles se mettait hors la paix et par suite hors la loi... Celui qui commettait un délit contre le peuple, la tribu, la communauté..... perdait du même coup tout droit à la paix, à la liberté, à la loi, de même que celui qui se séparait de la communauté... Tout fait contre la paix des particuliers était jugé selon qu'il appartenait d'abord à eux-mêmes, puis à leur famille de les venger. L'État (la communauté) n'intervenait que pour forcer le violateur à exécuter ses engagements. » Sur la notion de la paix dans l'ancien droit germanique, Cp. Wilda, p. 224 et s.

le représentant de l'évêque peut exiger d'une tylpt de paroissiens le serment « Que Dieu me soit propice et à mes cojureurs que la paix n'a pas été violée de telle sorte que l'évêque ait droit à l'amende. »

XIII (1). On doit répartir l'échalier (2) du cimetière entre les différents domaines (3). Chaque domaine doit clore autant que l'autre. Si l'échalier tout entier est en mauvais état (4), c'est une affaire de trois marks que touche l'évêque; (si la moitié est en mauvais état, c'est une affaire de douze öres que touche l'évêque;) si le tiers est en mauvais état, c'est une affaire de six öres que touche l'évêque. Puis le hæraþ a huit örtughs pour chaque défectuosité (5). L'échalier du cimetière doit toujours être en bon état, et hiver et été.

XIV (1). Lorsqu'il faut donner le baptême à un enfant et la communion à quelqu'un, on doit d'abord baptiser l'enfant avant de donner la communion. S'il faut donner la communion à une personne et l'onction à une autre, on doit donner la communion avant l'onction. — § 1. Si un enfant ne reçoit pas le baptême ou si quelqu'un ne reçoit pas la communion ou l'onction, (et) si le prêtre est sans excuse, il doit payer trois marks à l'évêque et trois marks au demandeur. — § 2. Le prêtre est excusable, en premier lieu, s'il s'absente pour une mission que lui donne l'évêque; en second lieu, s'il est malade; en troisième lieu s'il dit une messe de communion (2); en quatrième lieu, s'il visite un malade dans la paroisse (*sokn*) (3). — § 3. Le prêtre peut ôter ses ornements sacerdotaux et aller

XIII. (1) Cp. II, Kb. 26; IV : 21 : 12.

(2) *Garþer, gærþer* = sæpes. Sur l'obligation de clore, V. *infrà*, Jb. c. IX et s. et les notes.

(3) *Bol* = prædium, villa. On peut le comparer au *mansus* franc. V. Grimm, p. 539.

(4) IV : 21 : 12 : « Pro cymiterio non habenti sepem legitimam emendabunt... »

(5) *Balker* = continuus defectus in sæpimentis certæ cujusdam magnitudinis. Schlyter, Gl. Vg.

XIV. (1) Cp. II, Kb. c. XXVII-XXIX; IV : 21 : 62, 61.

(2) *Þigiande mæssa* = messe de communion dite ou chantée à voix basse, missa tacita, canon. Schlyter, *l. c.* — IV : 21 : 61, porte : « ... si inceperat canonem. »

(3) La paroisse, *sokn* (de *söka*, visiter l'église, selon Nordström et Ihre est la division religieuse. Les paroissiens sont les *soknemæn, soknebönder*.

visiter un malade s'il ne chante pas une messe de communion. — § 4. En cas de contestation entre le prêtre et un paroissien, si le paroissien dit qu'il (le prêtre) était sans excuse, il (le prêtre) doit se défendre contre (son adversaire en prouvant) par six prêtres qu'il avait une excuse légale.

XV (1). Le prêtre doit pour sa dîme (2) donner l'onction au paroissien, à sa femme, à son fils et à l'aîné des enfants de sa fille. Mais on doit donner deux öres pour chacun des serviteurs (3) qui reçoivent l'onction et autant pour tous ceux qui ne paient pas leur dîme et un öre pour l'enterrement de tout homme libre qui reçoit la communion et une örtugh pour la veillée du mort. Il ne reçoit pas plus parce qu'il a veillé plusieurs nuits. On ne veille davantage que si le prêtre et les paroissiens y consentent et même si le corps est exposé trois nuits (4). Si l'on veut le laisser exposé plus longtemps, on donnera une örtugh pour chaque nuit. — § 1. Si un étranger meurt chez un propriétaire, celui-ci prendra la valeur d'un öre sur les hardes du défunt et la donnera au prêtre pour l'enterrement et une örtugh pour la veillée du mort. Le prêtre doit communier l'étranger comme le paroissien. — § 2. Si un mendiant meurt, le prêtre a son bâton et sa besace pour salaire de l'enterrement. — § 3. Si l'évêque se trouve dans la paroisse et qu'un propriétaire lui envoie un messager lui demander de lui donner l'onction, il (l'évêque) est obligé de lui donner l'onction et il touche un demi-mark pour cela.

XVI (1). Si un prêtre va dans la paroisse d'un autre prêtre, y emporte les livres sacrés et son étole et lit sur le peuple il doit payer une amende de trois marks. Il paiera douze öres à l'évêque et douze öres au prêtre (de cette paroisse).

XVII (1). On doit diviser la dîme dans les champs. Le prêtre

XV. (1) Cp. II, Kb. c. XXX-XXXIV; IV : 21 : 63.

(2) Le c. XXX du C. R. ajoute : « Et pour l'offrande déposée sur l'autel. »

(3) *Ilion*, V. Grimm, p. 305.

(4) Le sens de ce passage est éclairé par le c. XXXI, C. R.

XVI. (1) Cp. II, Kb. c. XXXV; IV : 21 : 13, 60. IV : 21 : 13 : « Item si sacerdos non rogatus visitaverit infirmos in parochia alterius sacerdotis emendat Episcopo xii oras et xii oras curato. » — IV : 21 : 60 : « Si sacerdos non rogatus exerceat aliquod sacerdotale officium in aliena parochia absque necessitatis articulo emendabit... »

XVII. (1) Cp. II, Kb. c. XXXVI, XL; III : 1.

prend la part qui a été fixée lors de la consécration de l'église. Puis on partage (le reste de la dîme) en trois parts ; l'évêque en a une ; l'église a la seconde et les pauvres la troisième. — § 1. Le prêtre a droit seul à la dîme des animaux (2) et aux offrandes déposées au pied de la croix de l'autel le vendredi saint.

XVIII (1). Lorsqu'un propriétaire meurt dans la paroisse et veut être enterré ailleurs, le prêtre doit bénir le corps et l'accompagner jusqu'à la porte du domaine, mais non plus loin, à moins qu'il n'y consente. Il doit alors avoir la moitié du salaire de l'enterrement, l'autre moitié est pour le prêtre qui reçoit le corps.

XIX (1). Si l'on veut donner le *gipt* (2) au prêtre, c'est deux muids de froment ou une örtugh nominale (3).

XX (1). Si quelqu'un a un domaine dans un autre *by* (2) (que celui où il réside) et s'il l'ensemence, il doit payer la dîme au prêtre et à l'église là où le domaine est situé et y entretenir l'échalier du cimetière. — § 1. S'il n'ensemence qu'un seul champ dans un autre by, il doit en payer la dîme au prêtre (de ce by) et payer les autres dîmes au by de son

(2) III : 102 : « Les moutons et les chevaux, le propriétaire (les) mènera dans la maison du prêtre pour la saint Jean d'été, à moins qu'il ne veuille les garder plus longtemps chez soi et les veaux et les petits cochons doivent avoir neuf nuits. »

XVIII. (1) Cp. II, Kb. c. XLII ; IV : 21 : 58 : « Item pro unccione et sepultura in cymiterio sicut consuevit ab antiquo, hoc adjecto quod si quis elegerit alibi sepulturam solvat heres sacerdoti ac si sepultus esset secum. Illi autem ad quem funus transfertur dabit tantum sicut bene reputaverit se contentum aliter non sepeliat funus nisi voluerit. »

XIX. (1) Cp. II, Kb. c. XLIII.

(2) Le *gift* ou *gipt*, qui paraît à Schlyter (Gl. Vg.) n'être autre que le *tiþakööp*, est la redevance annuelle due au prêtre par les personnes qui ne paient pas la dîme.

(3) Une örtugh *pænningæ*, c'est-à-dire une örtugh monnaie par opposition aux örtughs pesées.

XX. (1) Cp. II, Kb. c. XLIV, XLV ; IV : 21 : 64.

(2) *By* = pagus, e pluribus prædiis constans. Cp. I Jb. c. XV : 1 *in f.* — Le *grænd* dont il est question III : 130, n'est point le by comme l'estime Nordström. Le grænd (de *granni* = voisin) comprend les habitants qui demeurent dans un certain rayon, peu éloignés les uns des autres, mais soit dans le même by, soit dans des bys différents. Schlyter, Gl.

domicile (3). — § 2. Le propriétaire qui demeure dans un lieu inculte, doit aller au þing et à l'église dans l'endroit qui lui semble le plus rapproché, s'il le veut ainsi. — § 3. On ne peut forcer un fermier à se rendre à une autre église qu'à celle du by.

XXI (1). Si du sang est répandu accidentellement dans le cimetière, on doit tailler la motte de gazon ensanglantée et la jeter hors du cimetière et le cimetière n'est point profané pour cela.

XXII (1). Le prêtre ne peut expulser personne de l'église si ce n'est celui que l'évêque a interdit (2) (*forboþet*). Les pa-

(3) Loccenius traduit inexactement : « Si quis seminet separatum agrum in pago, presbyteri decimæ omnes ibi relinquentur seorsum vel avehentur. »

XXI. (1) Cp. II, Kb. c. XLVI.

XXII. (1) Cp. II, Kb. c. XLVII.

(2) Les peines ecclésiastiques sont le *bann* = excommunicatio major et le *forbuþ* = excommunicatio minor. (Nordström estime qu'il faut voir dans *skript* les autres pénitences qui peuvent être imposées indépendamment de toute excommunication et que les doyens et prêtres de paroisse ont pouvoir d'infliger).

L'excommunication majeure ou mineure entraîne exclusion de l'église, *sætia man utan kirkiu* (Upl. Kb., XIII : 2). Mais le bann et le forbuþ emportent des effets d'une gravité différente. Celui qui est l'objet du forbuþ (que nous traduisons par interdiction) est simplement exclu des sacrements et des offices (Cp. le texte *suprà*, c. XXII). Certaines lois (V. notamment, loi d'Upland, Kb. XIII : 3) posent formellement la règle, qui, à notre avis, devait être généralement admise, que celui qui reste un an et une nuit sans obtenir la levée de l'interdiction, encourt *ipso facto* l'excommunication majeure. Le bann emporte exclusion de la communauté chrétienne comme la proscription entraîne exclusion de l'association de paix; défense est faite à tout chrétien d'avoir aucune relation avec l'excommunié (V. Upl. Kb., XVI : 1). Comme la proscription, le bann emporte incapacité de prêter serment (II, Add. XIII : 1). Celui qui reste un an et une nuit sans être relevé de l'excommunication majeure, est livré au bras séculier. III : 93 : « Celui qui prend le bien de quelqu'un dans l'église ou dans le cimetière doit payer une amende de trois fois neuf marks et restituer ce qu'il a pris et il sera *i banni* (excommunication majeure). S'il meurt excommunié, il ne sera pas enterré dans le cimetière. S'il reste un an et une nuit sans être relevé de l'excommunication majeure, le glaive du roi s'abattra sur lui (le coupable *per mandatum regis decolabitur*, IV : 21 : 79) et il ne sera pas enterré dans le cimetière. »

L'excommunication majeure, comme l'interdit, est toujours prononcée par l'évêque ou par son délégué (I, Kb., c. XXII; II, Kb., c. XLVII, LXX, LXXI; III : 32; IV : 21 : 41). Toutefois, conformément à la règle canonique (règle

roissiens (peuvent) expulser le proscrit (3), s'ils le veulent. Le prêtre n'en est pas responsable.

LIVRE II.

De l'homicide (*Af Mandrapi*).

I (1). Lorsqu'une personne est tuée et ravie à la lumière, on (2) doit publier le meurtre au þing et l'héritier (doit) dé-

dont l'observation est recommandée aux évêques suédois par une lettre du pape Alexandre III de 1171, Dipl. 54, p. 81), le coupable doit avoir reçu préalalablement une triple sommation.

L'excommunication peut, d'après le Codex recentior et d'autres fragments modernes de notre loi, être prononcée pour non acquittement de certaines dettes dues à l'Église. V. II, Kb., c. XXXVII, XXXVIII; III : 7; IV : 21 : 2, 67; II, Kb., c. LXX; III : 32, 97; IV : 21 : 41, 42, 67; II, Kb., c. LXV; III : 3, 4. Pour les tribunaux ecclésiastiques, l'excommunication majeure remplace la proscription qu'ils ne connaissent pas. Il est à remarquer, d'ailleurs, que l'excommunication, comme la proscription (II, Rb., c. XVI) peut être prononcée non point seulement contre le véritable débiteur, mais aussi contre celui qui est responsable du paiement, *bryti*, fermier ou tuteur. V. III : 97; IV : 21 : 85. Cp. Amira, p. 151 et s.

(3) *Friþlös*, *fridlös* ou *frillös* : celui qui est mis hors la paix publique et qui peut être tué impunément par celui qu'il a lésé ou par celui qui l'a poursuivi en justice et l'a fait condamner. Sur la portée de la proscription, V. *infrà*, Md., c. I, note 21.

I. (1) Cp. II, Db. c. I-VII.

(2) C'est-à-dire l'héritier, le demandeur. Nous pensons qu'il faut lire, avec Schlyter (Gl. v° *Frafall*) : « þa skal arvingi vighi a þingi lysa ok frafall sighia. » Que ce soit bien au demandeur à dénoncer le meurtre au þing, c'est ce qui résulte, à notre avis, de l'ensemble du texte et de la comparaison de notre chapitre avec le c. I Smb. — Voici les deux traductions de Loccenius et de Bring. Loccenius : « Cædes in judicio publicabitur et obitum ejus hæredes indicabunt. » Bring : « Cædes publicator et quod accidit heredibus indicator. » — Nordström estime que c'est au meurtrier et non au demandeur à dénoncer le meurtre. Les lois suédoises, dit-il, font entre l'assassinat commis en secret (*morþ*) et le meurtre (*mandrapi*) une différence analogue à celle qui existe entre le vol et la rapine. L'assassinat est considéré comme une action honteuse, un niþingsværk. Aussi, en cas de meurtre commis même avec préméditation, le coupable pouvait empêcher que son action n'eût un caractère déshonorant en le dénonçant soit au þing, soit aux héritiers et en acceptant ainsi, vis-à-vis de ces derniers, la responsabilité de son crime. La Dalelag (Westmannalag) édicte (Mhb.) une amende d'un mark pour chaque jour de

noncer le décès (3). (On peut) aussi (le dénoncer) au second (þing) (4). Mais (on doit) intenter l'action au troisième (þing), sinon elle est éteinte. Le meurtrier doit se rendre au þing, mais se tenir séparé de l'assemblée et envoyer demander la paix au þing. Les *þingsmæn* (5) doivent lui promettre le libre accès du þing. Il doit avouer le crime. — § 1. L'héritier doit alors nommer le meurtrier; il a le droit de désigner celui qu'il veut, s'il y a plusieurs meurtriers. Le plus proche

retard que le meurtrier met à dénoncer son crime, et après l'expiration du délai de douze jours sans dénonciation, le meurtre est considéré comme assassinat seret (morþ). (Le Code norvégien de Magnus Haakonssön renfermait des dispositions semblables, V. Dareste, *Anc. lois de la Norvège*, Journal des savants, 1881). — Il est probable qu'en Vestrogothie l'obligation de dénoncer le meurtre au þing ou aux héritiers, incomba également à l'origine au meurtrier, et c'est cette obligation qu'indique le texte du Codex antiquior « þa skal vighi a þingi lysa ok frafall arvingia sighia. » Mais lorsque la coutume fut modifiée et que l'obligation de dénoncer le meurtre incomba au demandeur, on oublia, selon Schlyter, de modifier en même temps le texte de la loi.

(3) *Frafall.* Le C. R. porte *forfall* (empêchement) au lieu de frafall. Cela s'explique, d'après Schlyter, par cette considération que le rédacteur du Codex recentior, ne comprenant plus le sens du texte ancien et estimant, avec raison, qu'il était défectueux, a changé frafall en forfall, dans cette idée probablement que, si le demandeur ne pouvait se présenter au premier ou au second þing, une autre personne pouvait faire connaître cet empêchement du demandeur.

(4) Le þing est l'assemblée judiciaire composée du magistrat et des propriétaires. — Sur le rôle respectif du magistrat et des propriétaires, V. II add. I, note 2. — Sur le lieu du þing Stiernhöök, p. 31, dit : « Ædes judicii juxta ædem plerumque ecclesiæ quod judicia etiam sancta crederent. » Cp. Grimm, p. 793-813. Notre loi, III : 128, porte : « Dans chaque hæraþ, il doit y avoir un lieu pour le þing (þingstaþer), dans chaque flærþung aussi, si le þing du hæraþ doit y être. »

(5) *Þingsmæn* = viri in judicio præsentes. Schlyter (Gl. p. 748) dit qu'une des attributions des þingsmæn consistait à décider quelquefois des questions de procédure. Il arrive probablement à cette conclusion en se fondant sur le droit qu'ils ont, aux termes de notre ch. I, de donner un sauf-conduit au meurtrier. Ce passage peut cependant s'expliquer par le motif qu'une personne accusée d'un crime aussi grave pouvait n'avoir une sécurité suffisante pour sa personne que dans le cas où les þingsmæn lui avaient directement garanti la paix (En ce sens, Uppström, p. 8). Cp. I, Jb. c. III, note 4 et II, add. 1, note 2. — D'après la loi d'Ostrogothie, Db. c. XI, c'est le hæraþshöfþingi qui accorde le sauf-conduit à l'accusé « un mille par eau et une rast (mille?) par terre. » — Cp. Gulathingslov, M. c. 6; Frostathingslov, III, 29. Lex Fris., Add.

parent paternel doit avec l'enfant nommer le meurtrier (6). Si la femme a son enfant sur les genoux, elle doit nommer le meurtrier. On doit alors désigner les *haldsbenþ* (7) et les *atvistærmæn* (8). Ils doivent être cinq et un (9) *raþsbani* (10). — § 2. Alors tous ceux qui sont présents au þing doivent fixer (*hem dömœ*) (11) un *endaghi* (12). A l'endaghi les þingsmæn doivent témoigner : « J'étais au þing et nous étions six. Il a été décidé dans ta cause que tu dois comparaître ici aujourd'hui et faire la preuve contre lui avec deux tylpts. Ainsi que Dieu (13) me soit propice et à mes cojureurs que le jugement a été rendu dans ta cause ainsi que j'en témoigne maintenant. » Alors l'héritier doit jurer : « Que Dieu me soit propice et à mes cojureurs, que tu as porté sur lui la lance et l'épée et que tu es son véritable meurtrier et que je t'ai donné ce nom au þing. » L'héritier doit alors aller devant l'autre tylpt et faire le même serment. Il doit y avoir douze jureurs dans la tylpt et un serment doit être proposé (14) à

(6) Le mineur, quoique incapable de désigner le meurtrier, doit être au þing. C'est la conséquence du principe qui interdit la représentation légale en cas d'accusation de meurtre et qui reçoit en apparence satisfaction par la présence au þing de l'héritier du sang, titulaire de l'action. Cp. III : 68.

(7) *Haldbani* = complice du crime qui a assisté l'auteur principal en tenant la victime. Schlyter, Vg. Gl. L'auteur principal est « le véritable meurtrier, *sændær bani,* » § 2, *infrà*. V. Wilda, p. 611.

(8) *Atvistar maþer* = homicidæ socius qui, occiso infestus, adfuit in loco cædis, non tamen ad ipsam cædem ope vel consilio adjuvans; Schlyter, Gl. Vg.

(9) C'est-à-dire que le demandeur peut désigner cinq complices des deux genres précédents et un raþsbani.

(10) *Raþsbani* = qui consiliis aliisve dictis vel factis necem alicui maturat; Schlyter, *l. c.*

(11) *Hem* (domus, adv. domum) indique que la procédure qui va se dérouler à l'*endaghi* (V. la note suivante) se passera dans un lieu privé par opposition à celle qui se déroule devant l'assemblée judiciaire.

(12) *Endaghi* = jour fixé par le magistrat et où l'affaire dont le þing est saisi se poursuivra (pour l'administration des preuves), entre le demandeur et le défendeur seuls dans un lieu privé, mais en présence des þingsmæn délégués par l'assemblée pour assister à cette phase de la procédure et venir ensuite témoigner devant elle du résultat qu'elle a produit.

(13) C'est la vieille formule païenne dans laquelle Guþ, au lieu de se traduire par Dieu, signifiait les dieux. V. Schlyter, Gl., p. 737.

(14) La formule du serment est dictée aux cojureurs comme au défendeur par le demandeur et non par le juge, étranger à l'instruction de l'affaire. Il

chaque tylpt et la formule du serment doit être pour chaque tylpt : « *Que Dieu me soit propice si je dis vrai et qu'il me soit défavorable si je mens* (15). » — § 3. Alors l'héritier doit se rendre au *sægnarþing* (16) et se faire juger par le þing (17), et prouver avec les *umstaþumæn* (18) (jurant) : « Que Dieu me soit propice et à mes cojureurs qu'il a accompli à l'endaghi tout ce que la loi prescrit pour sa paix (au défendeur) (19). Puis il doit revenir (20) au þing, et y faire déclarer le défendeur hors la paix publique (friþlös) et pouvant être tué impunément par l'héritier et par le demandeur. Il (le meurtrier) doit alors fuir pour sa paix (21). Il peut déjeuner

doit en être ainsi forcément, puisque la plupart des serments sont prêtés en dehors de l'assemblée judiciaire aux rendez-vous privés, à l'endaghi.

(15) Les mots en italiques sont omis dans le C. R. Db. c. III.

(16) Le *sægnarþing* est le þing auquel les parties conviennent, à l'endaghi, de renvoyer l'affaire pour que le jugement y soit rendu sur le rapport des þingsmæn délégués pour assister à l'instruction.

(17) *Lætæ dömæ sic af* (Cp. II, add. I, n. 1) *þingi,* c'est obtenir du þing un jugement constatant que l'héritier a accompli à l'endaghi tout ce que la loi lui prescrivait (quant à la preuve).

(18) Les *umstaþumæn* (viri circumstantes) qui ne nous semblent autres que les *hörængiar* (I. Bd. c. I : pr.) sont les þingsmæn délégués à l'endaghi.

(19) C'est-à-dire pour que le défendeur soit mis hors la paix publique.

(20) Ce n'est pas que le demandeur se soit en réalité retiré du þing, mais après le jugement qu'il vient d'obtenir et qui lui donne acte de ce qui s'est passé à l'endaghi, s'ouvre, pour ainsi dire, une nouvelle phase de la procédure, celle du jugement définitif, qui est probablement marquée par une démarche solennelle du demandeur, formalité analogue sans doute à l'une de celles de la procédure romaine des actions de la loi. *Contrà,* Nordström, II, p. 443.

(21) C'est-à-dire que, mis hors la paix publique, il doit partir en exil; il est proscrit. La proscription, *friþlösa,* consiste à proprement parler dans l'exclusion de l'association de paix qui existe entre les citoyens (V. *suprà,* Kb., c. XII, note 3). Encourt la proscription celui qui commet un crime portant atteinte à la paix publique et qui ne veut pas payer l'amende (composition) légale ou dont la victime (ou ses héritiers) préfère l'exercice de la vengeance au paiement de la composition (V. toutefois, I, þb., c. V : 2). D'après la loi d'Ostrogothie (Dr., III : 4), le proscrit n'est mis hors la paix publique que dans le ressort du þing (hæraþsþing) auquel il a été condamné. On ne trouve pas de règle semblable dans notre loi; mais, selon Nordström, elle y résulte *a contrario* de certains textes qui étendent les effets de la proscription au delà du hæraþ, soit à toute la province de Vestrogothie, « entre l'Elvær et le bois de Tiviþer » (II, Gb., c. XII; Fb., c. XLVIII; III : 68), soit à tout le royaume Svéo-Goth, *ivir alt rikit* (II, Add. VII : 20). La proscription de

chez lui le jour du sægnarþing, mais doit dîner dans les bois. Le hæraþshöfþingi (22) paiera douze marks s'il (le coupable)

ce dernier genre frappe le *biltugh*, celui qui viole l'eþsöre (Cp. II, Add. VII), et cela est tout naturel puisque les règles sur l'eþsöre sont posées par le roi qui gouverne toutes les provinces. Les effets de la proscription s'arrêtent dans tous les cas aux frontières du royaume. Cp. III : 111.

Le proscrit a, après le jugement qui le frappe, un délai très court pour se rendre dans les bois et échapper ainsi à la vengeance de l'offensé ou de sa famille (V. *suprà* au texte). Les excerpta Lydekini, § 120, signalent un adoucissement à la rigueur du droit primitif : « Personne ne peut, sauf le demandeur, accorder un jour au proscrit (biltugh) depuis qu'il a été condamné par le serment (du nämd); il (le demandeur) peut lui accorder un délai de sept jours, et personne ne paiera d'amende pour lui (c'est-à-dire pour avoir eu des rapports avec lui) parmi ceux qui ont eu des rapports avec lui (le proscrit) avant qu'il n'ait été déclaré proscrit au þing de la province. »

La proscription entraîne les conséquences suivantes :

1° Le proscrit peut être tué impunément;

2° Personne ne peut, sous peine d'amende, entretenir de relations avec lui (*Suprà*, c. I);

3° Il est frappé, pour ainsi dire, de mort civile. Ainsi son mariage ne produit plus d'effets; les enfants qu'il peut avoir sont illégitimes, IV : 2. Il ne peut recueillir de succession (Ög., Dr. IV : 2; Upl. Ab. XXI). Il ne peut ni témoigner, ni prêter serment dans une tylpt (II, Add. XIII : 1);

4° Quant aux conséquences de la proscription sur le patrimoine du proscrit, V. I, Om., 2 et 4 et note 4; Bb. c. VII; II, Om., c. I : 13. — Pour la proscription résultant de la violation de l'eþsöre, V. II, Add. VII : 20.

Les effets de la proscription cessent lorsque le coupable a payé la composition et que l'offensé (ou ses héritiers) l'ont acceptée. Pour le biltugh, qui a violé l'eþsöre, il recouvre la paix lorsque le roi la lui accorde sur l'intercession de l'offensé (II, Add. VII : 22). Nordström a (II, p. 451), croyons-nous, le tort de généraliser la règle posée pour le biltugh; on comprend que dans ce cas, le roi intervienne parce qu'il y a eu violation d'une paix imposée par lui; mais, pour les crimes ordinaires, l'intervention du roi n'a plus la même raison d'être; tout doit s'arranger entre le proscrit et sa victime. — I, Rb. c. I : 1, signifie-t-il que le roi peut, pour un crime qui n'est pas un niþingsværk, faire grâce absolument? Nous croyons plutôt qu'il s'agit ici d'une remise d'amende faite par le roi et comprenant la part due au roi et celle due au hæraþ. L'offensé reste créancier pour sa part. Arg. de III : 120.

Sur la proscription comme sanction des obligations, V. *infrà*, I, Rb., c. VII, n. 5.

La proscription peut être prononcée non point seulement contre le coupable, mais encore contre quiconque est tenu de payer l'amende encourue par lui. V. II, Rb., c. XVI; III : 39.

(22) Chef (*höfþi*, tête) du hæraþ. Une autre étymologie a été proposée, tirée de *höfþa*, présider au serment des cojureurs. D'après les lois suédoises proprement dites, il y avait deux magistrats de ce nom par hæraþ. On

demeure chez lui et s'il n'est pas expulsé et le hæraþ (paiera) quarante marks. Celui qui mange ou boit avec lui (le proscrit), le rencontre et s'entretient avec lui (23) paiera trois marks, c'est-à-dire deux (24) (car il paiera) trois fois seize örtughs (25), s'il (le proscrit) n'offre de payer l'amende, il ne peut dîner en paix (26). — § 4. S'ils (les héritiers et les proches) veulent

rencontre quelque chose d'analogue dans notre loi. V. C. R. þb., c. XVII; Ub., c. XXIX. Le hæraþshöfþingi était probablement nommé à l'élection par les propriétaires du hæraþ. C'est ce que l'on peut admettre par analogie de ce que décide notre loi pour la nomination du laghmann. Le hæraþshöfþingi a-t-il des pouvoirs militaires? La loi est muette sur ce point. Quant à ses pouvoirs judiciaires, V. II, Add. I, note 1.

(23) Cp. sur les effets analogues de la proscription dans les anciennes lois germaines, Grimm., p. 734 et s.

(24) Voici l'explication de cette manière de parler : l'amende était nominalement de trois marks, mais en réalité de deux, car chacune des parts de l'amende (V. la note suivante) était de 16 örtughs, ce qui faisait en tout 48 örtughs ou deux marks.

(25) Dont 16 örtughs pour le demandeur, 16 pour le roi et 16 pour le hæraþ. L'amende payée par le coupable peut se partager entre : 1° Le demandeur dont la paix personnelle a été violée ou, à son défaut, ses héritiers; 2° La famille du demandeur à titre de garant de la paix et des droits de ses membres (V. *infrà*, note 28); cette attribution d'une part du *fredum* au peuple, est un signe des mœurs profondément démocratiques et presque républicaines de la Suède à l'époque des lois provinciales. En Norvège, au contraire, le fredum n'était partagé entre le roi et le peuple que dans les villes; dans les campagnes, le roi avait seul droit au fredum. V. Frostath, IV : 10; 3° Le hæraþ à titre de garant de la paix de chacun des membres de l'association; 4° Dans certains cas, le propriétaire de la maison dont la paix domestique a été troublée lorsque le délit a été commis sur une personne qui se trouvait dans sa maison (V. II, Add. VII : 8); 5° Le roi, à titre de garant de la paix de tous ses sujets; enfin, quelquefois l'Église peut prendre une part dans l'amende en raison du péché commis. A l'inverse, l'amende peut être payée par la famille, par le propriétaire de la maison, par le by et par le hæraþ. — L'amende se divise habituellement d'une façon tripartite entre le demandeur, le hæraþ et le roi, d'où cette manière de parler : paiera trois fois... Toutefois, il est nécessaire, pour cette division tripartite, que le délit ait troublé la paix publique, sinon l'amende ne profite qu'au seul demandeur. Il est probable que ce fut seulement à une époque relativement récente que le roi participa à l'amende, car les associations de hæraþ existaient avant l'établissement d'une royauté unique. La loi d'Upland, Manh. XXXII : 1, oblige le coupable qui ne peut pas payer l'amende à donner caution ou à se mettre au service de son créancier, une année pour chaque mark qu'il lui doit (Cp., *lex salica*, t. LXI).

(26) C'est-à-dire que, s'il offre de payer l'amende, il a un répit jusqu'au lendemain matin.

accepter l'amende, on doit payer neuf marks pour l'*arvæböt* (27) et douze marks pour l'*ættarbot* (28). L'héritier (du meurtrier) doit payer six marks et la famille six marks, (dont) trois par les parents paternels et trois par les parents maternels. Le parent le plus proche paiera douze öres; celui qui vient ensuite six öres; le suivant trois öres et le suivant quatre örtughs et demie. — § 5. Ainsi tous doivent payer l'amende et ainsi tous doivent la recevoir, et jusqu'au sixième degré chaque parent (du degré subséquent) a moitié moins (à donner ou à recevoir). On doit partager l'amende jusqu'au sixième degré. Tous ceux qui sont au même degré ont autant, qu'ils soient du côté paternel ou du côté maternel. L'héritier doit prendre six marks sur l'ættarböt et la famille prend six marks, trois pour les parents paternels et trois pour les parents maternels.

II (1). Si quelqu'un doit payer l'amende pour (le meurtre) d'un *ætlædder* (2) qui a été esclave, il paiera neuf marks comme arvæböt et six marks comme ættarböt. (On paie) comme pour un ingénu, sauf pour l'ættarböt (on ne paie) que moitié, parce que sa famille est moitié serve et affranchie (3).

(27) L'arvæböt est l'amende payée par le meurtrier à l'héritier de la victime.

(28) L'ættarbot est l'amende payée par les parents du meurtrier aux parents de la victime (*æt*, famille) ou par son maître, si c'est un esclave, aux parents de la victime. Le droit de ces derniers est en quelque sorte un droit de succession, mais dans l'exercice duquel la présence de l'héritier le plus proche (qui touche l'arvæbot) n'exclut pas les héritiers plus éloignés. Ainsi, selon les expressions de Tacite (Germ., 21), « recipit satisfactionem universa domus. » — Dans notre loi, l'ættarböt est d'une somme fixe, quel que soit le nombre des parties prenantes. Il en était autrement d'après les anciennes lois de la Norvège (V. Dareste, *loc. cit.*). Sur l'assistance mutuelle que se prêtent les membres de la famille en matière criminelle, V. C. R., Db., c. VII, note 1.

II. (1) Cp. II, Db., c. VII.

(2) L'ætledder est l'affranchi qui a été reçu dans la famille d'un ingénu. On distingue ainsi l'ættledder d'un autre affranchi, le *frælsgivi*, qui, affranchi à une époque postérieure où l'institution précitée avait commencé à tomber en désuétude, n'était point reçu dans une famille ingénue. Schlyter, Gl. Vg. L'affranchi a presque tous les droits des ingénus; l'amende qu'il touche est moindre.

(3) C'est-à-dire que la moitié de la famille de l'affranchi (ses parents naturels) est esclave et affranchie, et c'est seulement l'autre moitié (les parents de celui qui l'a reçu dans sa famille) qui se compose d'ingénus. — Cp. pour l'ancien droit germanique, Wilda, p. 665 et s.

III (1). Si on veut poursuivre (2) les halsbana ou les atvistærmæn, on doit indiquer un þing et les accuser et leur faire indiquer un endaghi. Les þingsmæn doivent rendre témoignage à l'endaghi et ainsi à chaque endaghi (3). Les þingsmæn doivent d'abord rendre témoignage. Ensuite l'héritier doit jurer « que Dieu me soit propice et à mes cojureurs, que tu la tenais (la victime) sous la lance et l'épée et qu'ainsi je t'ai donné ce nom au þing (halsbani ou atvistærman). — § 1. On doit indiquer un þing à l'atvistærman et jurer ainsi contre lui : « Que Dieu me soit propice et à mes cojureurs, que tu étais sur le lieu du crime dans une mauvaise intention et que je t'ai nommé ainsi au þing. » — § 2. On doit indiquer un þing au raþsbani pour la poursuite que tu lui intentes (4) et où tu dis qu'il est coupable d'avoir donné des conseils pour le meurtre. Il (5) doit à l'endaghi faire sa preuve avec une tylpt de parents paternels et une demi-tylpt de parents maternels (6). S'il (le défendeur) est condamné par les deux (la tylpt et la demi-tylpt), il paiera une amende de quatre marks et demi; s'il est condamné par la tylpt (paternelle), il paiera une amende de trois marks; s'il est condamné par la demi-tylpt, il paiera une amende de douze öres (7). — § 3. Le hals-

III. (1) Cp. II, Db. c. VIII.

(2) Stiernhöök, p. 64, écrit que, d'après une loi de Birger Jarl, peuvent agir : en premier lieu la partie lésée ou son plus proche parent; en second lieu le représentant du roi; en troisième lieu celui de la communauté. En cas de désistement de la partie lésée, le droit d'action des deux autres parties subsiste, à moins que l'accusé n'ait été judiciairement absous dans sa lutte avec la partie lésée. V. pour la poursuite par mandataire, III : 68.

(3) V. c. I, *suprà*, la formule de ce témoignage.

(4) Cette rédaction s'explique parce que le texte suppose le laghmann s'adressant à ses concitoyens et leur indiquant, dans son exposé annuel de la loi, la procédure à suivre.

(5) C'est le demandeur qui fait la preuve. Cp. c. I : 2, *suprà*. C'est à tort, selon nous, que Bring traduit : « Die constituto interfector sese a crimine defendat integra dodecade... »

(6) La parenté était donc loin d'être une cause de récusation des cojureurs.

(7) A proprement parler, les cojureurs ne condamnent point le défendeur, mais sa condamnation résulte implicitement de la preuve, plus ou moins complète, faite par le demandeur au moyen des cojureurs. — Loccenius et Lundius se sont complètement mépris sur le sens de ce passage; d'abord, ils n'admettent ici que la présence d'une tylpt composée pour moitié de parents

bani doit payer une amende de quatre marks et demi. Le roi n'a pas d'action contre le raþsbani ni contre l'halsbani (8). L'atvistærman paiera au demandeur une örtugh et cinq öres, autant au roi et autant au hæraþ. — § 4. Le recouvrement des amendes encourues pour violation de la paix publique (*hælghisbot*) se fait avec le þing et non par la saisie d'un gage sur le débiteur (*næma*) (9).

IV (1). Si un esclave (2) tue un ingénu, il ne peut pas être appelé meurtrier d'un homme libre (*þengsbani*) (3). Le propriétaire (de l'esclave) doit payer (4) l'arvæbot et l'ættarbot, mais il n'est pas obligé de fuir pour sa paix, à moins qu'il ne veuille pas payer l'amende.

V (1). Si quelqu'un tue un Suédois ou un habitant du Småland né dans le royaume (Svéo-Goth) et non Vestrogoth, il paiera pour cela une amende de treize marks et huit örtughs et pas d'ættarbot (2). — § 1. Le roi a neuf marks pour l'homicide et le hæraþ autant. — § 2. Si une femme tue quelqu'un,

paternels et de parents maternels et ensuite ils croient que c'est le demandeur qui est condamné à l'amende lorsqu'il échoue dans sa preuve.

(8) Le roi n'a point droit à l'amende. Ces complices sont donc punis moins sévèrement que l'auteur principal.

(9) V. I, Rb., c. VII : pr. Notre § 4 est une exception à la règle posée dans Rb., *loc. cit.*

IV. (1) Cp. II, Dr. c. IX.

(2) V. sur l'esclavage dans l'ancien droit suédois : Calonius, *De prisco in patria Svio-Gothia servorum jure*. Cp. Grimm., p. 311 et 331.

(3) Par exception, l'esclave est puni personnellement dans les cas prévus II, þb. c. 21-23, lorsque son maître ne le rachète point. Cp. I, þb. c. II : 1.

(4) C'est une exception à la règle qui fait peser la responsabilité de l'infraction d'abord sur l'esclave et qui autorise, en conséquence, le maître à se soustraire à la réparation du dommage en faisant abandon de l'esclave. Cette responsabilité rigoureuse du maître, en cas de meurtre d'un ingénu, concorde avec celle qu'édictent les lois lombardes, L. Rotharis, c. 142, c. f. à L. Liutprandi, c. 21. — V. sur cette matière, Wilda, p. 652 et ss.

V. (1) Cp. II Db. c. X, XI, XIII, XII, XIV-XVI.

(2) Le C. R. ajoute : « Et il ne reçoit pas d'*ættærstuþi*. » L'ættærstuþi est la part contributive payée par les parents du meurtrier pour former l'ættarbot. Cp. II, Db. c. VII. — Cette amende de treize marks un tiers payée pour le meurtre d'un Suédois est singulière; en effet, en cas de meurtre d'un Vestrogoth, l'arvæbot est de neuf marks et l'ættarbot de douze marks. Peut-être pourrait-on conclure de notre texte que, outre l'héritier, les plus proches parents seulement touchaient une part dans l'amende.

on doit poursuivre (3) son plus proche parent; il doit payer l'amende ou fuir pour sa paix (4). — § 3. Si quelqu'un tue un Danois ou un Norvégien, il paiera une amende de neuf marks. — § 4. Si quelqu'un tue un étranger (5), il n'est pas

(3) *Mæla*, V. sur ce mot, Grimm, p. 746.

(4) La femme est, au point de vue pénal, considérée comme une mineure. C'est ce qui est dit formellement I. þb. c. V : 2. La femme n'encourt donc aucune responsabilité personnellement et la réparation du délit est poursuivie contre son *malsman* (tuteur) qui la représente sous le rapport civil comme sous le rapport pénal. Le malsman est personnellement responsable de l'amende encourue par suite du délit de la femme. La femme n'est pas obligée de fuir en exil (V. II, Add. VII : 29). Les excerpta Lydekini, 143, renferment cette autre conséquence de l'irresponsabilité de la femme, c'est que si « un homme et une femme participent au même meurtre, on ne peut intenter l'action du meurtre que contre l'homme et non contre la femme. » La responsabilité pécuniaire du malsman s'explique par les lois de succession. Originairement, la femme était privée de tout droit de succession. Elle vivait alors chez son malsman qui était obligé de l'entretenir et de la défendre. Il était juste aussi qu'il payât l'amende pour celle dont il avait recueilli la part héréditaire. Quand les femmes furent appelées à succéder, quoique dans une proportion moindre que celle des hommes, l'amende dût être payée sur les biens de la femme d'abord et subsidiairement sur ceux du tuteur. La règle posée par Birger Jarl, II, Add. VII : 21, sur la responsabilité personnelle en matière de délit et d'amende, vint améliorer la situation du malsman et l'amende ne fut plus payée par lui en cas d'insolvabilité de la femme. Nordström, p. 95. Cp. Amira, p. 402. — Lorsque le mari est dans l'impossibilité de défendre sa femme, le rôle de malsman est alors rempli par le plus proche parent de celle-ci. IV : 18 : 13 : « Si une femme est accusée d'avoir volé avec son mari, celui-là doit être son malsman qui est son plus proche parent; il doit la défendre avec deux tylpts (et jurer) « que Dieu me soit propice, qu'elle n'a pas volé et qu'elle n'a pas profité du vol. » — Cette impunité relative de la femme reposait en Suède sur des considérations de justice et d'équité. En effet, les règles sur la paix (friþer), sur l'exclusion de la paix ou proscription (friþlösa), avaient pour fondement la garantie que les différents propriétaires du hæraþ s'étaient promise réciproquement au þing. Or les femmes, ne faisant point partie de l'assemblée, n'avaient rien promis et leurs infractions ne pouvaient être considérées comme emportant une violation de la foi jurée. — Les lois norvégiennes étaient beaucoup plus rigoureuses à l'égard des femmes et admettaient leur proscription. Cp. Gulath. M. c. 9 et 40; Frost. III : 32. — Cp. Wilda, p. 649. — Dans certains cas exceptionnels la femme peut, aux termes de notre loi, être condamnée à la proscription. V. I Bb. c. VIII; Ab. c. XV. — Cp. Og. Vaþ. c. XXXV; Upl. Mb. c. XLIX.

(5) *Utlænskan man* = l'étranger, est celui qui n'obéit pas à la même loi (Vestrogothe). L'étranger ne jouit, en principe, que des droits qui lui sont

obligé de fuir pour sa paix hors de sa patrie et dans la famille de l'étranger. — § 5. Si quelqu'un tue un prêtre étranger, il paiera autant que pour un Vestrogoth. Le prêtre doit être régi par le droit (commun) des propriétaires (6). — § 6. En cas de meurtre d'un homme du Sud (7) ou d'un Anglais, on paiera pour cela une amende de quatre marks au profit de la partie poursuivante et de deux marks pour le roi. Les habitants du hæraþ sont convenus dans ce cas de ne pas exiger la part de l'amende pour le hæraþ. — § 7. Si quelqu'un tue l'esclave (8) d'autrui, il paiera pour cela trois marks, à moins qu'il (le maître) ne prouve que l'esclave valait quatre marks; alors il doit payer cette somme. Personne n'a droit à l'amende que le demandeur (9).

VI (1). Si quelqu'un commet un meurtre et est ensuite tué

reconnus par sa loi propre. Cependant notre loi admet la règle de la réciprocité de traitement, I, þb. c. XII : 2. Après la promulgation de la Landslag commune à toutes les provinces, l'utlænskerman fut l'étranger au royaume Svéo-Goth. — Grimm, p. 397, estime à tort, croyons-nous, que les Ostrogoths n'étaient point des étrangers par rapport aux Vestrogoths. Il est induit en erreur par l'expression *aldragöta þing* qui ne signifie point, comme il le croit, þing de tous les Goths (Vestrogoths et Ostrogoths), mais þing de tous les Vestrogoths. Schlyter, Gl. Vg. — Notre § 4 signifie que le demandeur n'a point l'option habituelle entre l'acceptation de l'amende et l'exercice de la vengeance, mais que le meurtrier de l'étranger peut toujours se soustraire aux conséquences de la proscription par le paiement de l'amende. — Cp. sur la situation des étrangers au point de vue pénal dans l'ancien droit germanique, Wilda, p. 672 et s.

(6) Il en est autrement d'après III : 133 et IV : 21 : 15. III : 133 : « Si l'on fait au prêtre quelque blessure lorsqu'il porte le corps du Christ (aux malades), on paiera l'amende légale proportionnellement à la blessure et en outre une amende légale de trois fois neuf marks (dont) une part pour l'évêque, une autre pour le hæraþ et la troisième pour le demandeur. » — IV : 21 : 15 : « Item si quis percusserit clericum vel religiosum emendat episcopo tres marcas. » — Cp. sur les privilèges du clergé, II. Kb. c. LIX, notes.

(7) *Suþerman* = étranger appartenant à un des pays non scandinaves de l'Europe. Dans le C. R., Db. c. XV, l'amende est de neuf marks. Cette élévation témoigne des progrès de la civilisation et de l'assimilation toujours plus grande des étrangers aux nationaux.

(8) Ce n'est qu'en 1335 que l'esclavage disparut entièrement sous le roi Magnus Eriksson. — Le servage ne fut jamais reçu en Suède. — Cp. *infrà*, c. XIII, note 3.

(9) Parce qu'ici il s'agit uniquement d'un dommage causé à la chose du demandeur.

VI. (1) Cp. II, Db. c. XVII.

aux pieds (de la victime), il peut être tué impunément au milieu de son crime. On ne paiera d'amende ni au roi, ni au hærаþ (2).

VII (1). Si un fou s'échappe de ses liens et tue quelqu'un, il paiera une amende de neuf marks (2).

VIII (1). Si quelqu'un saisit en même temps le voleur et l'objet volé et s'il (le voleur) a volé pour deux öres (2) ou pour plus de deux öres, on liera les mains du voleur derrière son dos et on le conduira ainsi au þing. On fera témoigner contre lui deux personnes (affirmant) qu'il est le voleur dans ce vol, puis (le demandeur) fera sa preuve avec le serment d'une tylpt (3) et fera ensuite juger que (le coupable) est *ugild* (4) et qu'il peut être décapité et pendu, ou soumis au supplice des voleurs (5), qu'il peut être tué impunément par

(2) Même disposition dans la loi d'Ostrogothie, Db. c. 2. Ces lois restreignent l'exercice du droit de vengeance (sans jugement préalable) au cas cité au texte.

VII. (1) Cp. II, Db. c. XVIII.

(2) D'après les anciennes lois provinciales, le devoir du tuteur est d'enfermer le fou et de dénoncer sa folie. La loi d'Upland, Mb. c. II : 1, porte à cet égard que « la folie doit être dénoncée aux voisins, aux paroissiens et au þing du hæraþ. » Dès lors, les infractions commises par le fou ne sont plus considérées que comme *vaþa værk* (actio fortuita vel involuntaria, Schlyter, Gl. Vg.), et, à l'inverse, les délits commis sur la personne du fou sont envisagés de la même façon. Notre chapitre signifie certainement, selon Nordström, que le fou n'encourt qu'une responsabilité pécuniaire. Il n'est pas dit, en effet, que l'amende soit due au roi et au hæraþ. — En l'absence de dénonciation de la folie, dénonciation suivie, comme le suppose le texte, de l'internement du fou, celui-ci devrait payer l'amende ordinaire du meurtre. Loi d'Upland, *l. c.* : « Si l'on ne rapporte pas la preuve de la dénonciation (*lysning*) faite comme il a été dit, l'infraction du fou est considérée comme commise volontairement (*viliæ wærk*). » Cp. Wilda, p. 646.

VIII. (1) Cp. II, Db. c. XIX; I þb. c. III : pr.

(2) « Deux marks », porte le C. R.

(3) Dans le C. R. suit ici la formule : « Que Dieu me soit propice et à mes cojureurs que (l'accusé) a commis un vol plein et qu'il est véritablement coupable de ce dont je l'accuse. »

(4) Sur le sens de ce mot, V. *infrà*, Sb. c. VI, n. 1.

(5) *Til torf ok til tyœru* = à la tourbe et à la poix. Dans ce supplice, le voleur, la tête rasée, enduite de poix et couverte de plumes était obligé de courir au milieu de la foule rangée sur deux lignes et qui lui jetait de la terre, des pierres ou d'autres projectiles. Schlyter, Gl. Vg. Bring, p. 122. Stiernhöök traduit à tort les mots til torf... par vivi comburio. — Le sup-

le demandeur sans que ses héritiers aient rien à réclamer (6). Si quelqu'un est dépouillé de son bien et poursuit le voleur, si celui-ci résiste et si (le volé) ne peut recouvrer son bien sans tuer le voleur, le volé doit accuser le mort (7) et faire juger au þing qu'il pouvait être tué impunément.

IX (1). Si l'on vient trouver une personne chez elle et si l'on trouble sa paix domestique, et si (le violenté) le tue pour se défendre dans le coin de sa maison (2), (le meurtrier) accusera le mort et fera juger au þing qu'il pouvait être tué impunément.

X (1). Si quelqu'un se bâtit des cabanes de feuillage (*löfvirkinger*) (2), demeure dans les bois et y commet des vols et que celui (qu'il veut voler) le tue pour se défendre, (le meurtrier) accusera le mort et fera juger au þing qu'il pouvait être tué impunément.

XI (1). Si quelqu'un tue un homme dans le lit avec sa femme ou qu'il surprend ailleurs avec les témoins légalement, il doit prendre la couche souillée (2), la porter au þing, y

plice des voleurs était le même dans l'ancien droit norvégien. Cp. Grimm, p. 725. Calonius, *De ant. jur. serv.*, p. 214.

(6) Le C. R. ajoute : « (Et celui qui tue le voleur) n'est soumis à aucune peine ecclésiastique et il ne paie aucune amende au roi. »

(7) Si la vengeance était le fondement du droit pénal scandinave, une restriction importante était cependant apportée au droit de l'offensé : celui-ci pouvait être actionné en responsabilité des faits commis dans l'exercice de sa vengeance et, pour échapper à l'action, il devait établir la légitimité de sa conduite. C'est pour cela que le ch. VIII impose au meurtrier « d'accuser le mort, etc. » Cp. C. A. Md. c. IX, X et XI. — La loi de Scanie V : 9, indique la procédure à suivre pour accuser un mort et la manière de prendre sa défense pour le « *gildæn göræ*, » c'est-à-dire pour établir qu'une amende est due pour le meurtre du *de cujus*. Cp. Ög. Rb. c. XX.

IX. (1) Cp. II, Db. c. XX; II. Add. VII : 4 et s.

(2) *A hyrnustokkæ sinum.* Hyrnustokker = trabs in angulo domus, parietes connectendi causa, posita. Schlyter, Gl. Vg.

X. (1) Cp. II, Db. c. XXI.

(2) *Löf,* feuillage, *virka,* fabriquer. Nous adoptons la correction de Schlyter qui se fonde sur la comparaison du C. R. — Loccenius, d'après les textes qui portent *lösvittinger* (mente captus) traduit : « Si quis se simulet stolidum, amentem et quasi ignorantem quid faciat et rapinam exerceat in sylva. »

XI. (1) Cp. II, Db. c. XXII.

(2) *Bulstær ok blæiur.* Bulstær = culcita, Blea = lodix.

faire voir le sang et les traces du meurtre (3), accuser le mort et faire sa preuve avec deux tylpts de næmdemæn (4). Le hærapshöfþingi reçoit leur serment et prononce (5) ensuite au þing qu'il (le complice de la femme) pouvait être tué impunément.

XII (1). Si quelqu'un se précipite sur les armes que tient une autre personne et en reçoit une blessure mortelle (2), il (celui qui tient les armes) paiera pour cela une amende de neuf marks (3). — § 1. Si quelqu'un fait tomber un arbre sur une personne, et si (celle-ci) en meurt, il paiera pour cela une amende de neuf marks. — § 2. Si quelqu'un lance en l'air un trait qui retombe sur la tête d'une personne et si celle-ci en meurt, il paiera pour cela une amende de neuf marks.

XIII (1). Si quelqu'un tue une personne dans la salle d'un banquet, (les convives) doivent livrer le meurtrier ou payer une amende de neuf marks (2). — § 1. Il y a trois banquets

(3) Cp. Lex Ripuaria, c. 77. Grimm, p. 743. La loi d'Upland, Aerfþ. VI : 2, porte que le mari doit lier sa femme au cadavre de son complice, ou les deux cadavres, s'il a tué les deux coupables et les mener au þing.

(4) Les næmdemæn sont ici les cojureurs. En ce sens, Schlyter, Gl. Vg. Nordström estime au contraire que dans l'hypothèse prévue au texte ainsi que dans celles prévues I Bd. c. VI, II Frb. c. X, II Db. c. XXII; I Jb., c. XVI : 1, II, Jb. c. XXXVIII, il s'agit de membres du næmd, de jurés, dont le nombre est alors porté exceptionnellement de 12 à 24. Il fonde sa solution sur ce que, dans les textes précités, c'est le hæraþshöfþingi qui reçoit le serment des næmdemæn, ce qui, normalement, n'a lieu que lorsqu'il s'agit du serment du næmd. (V. sur l'institution du næmd, II Add. VII : 25, note 1.)

(5) Il semblerait résulter du texte que le droit de prononcer la sentence soit expressément attribué au hæraþshöfþingi. Cependant cette conclusion ne serait peut-être pas très sûre. Cp. II Db. c. XIX, XX, XXI. En ce sens, Uppström, p. 7.

XII. (1) Cp. II, Db. c. XXIII, XXV, XXVI.

(2) Les c. XII et XV visent des hypothèses d'homicide par imprudence.

(3) Le c. XXIII du C. R. ajoute : « Le demandeur seul touche l'amende. »

XIII. (1) Cp. II, Db. c. XXIV, XXVII.

(2) Cette disposition venant immédiatement après le c. XII qui traite des cas d'homicide par imprudence, homicide qui ne trouble pas la paix publique, il est vraisemblable que l'amende de neuf marks imposée aux convives n'est due qu'à l'héritier de la victime et que ni le roi ni le hæraþ n'ont droit à l'amende. Cp. Amira, p. 405.

dans lesquels on paie pour le meurtre d'un esclave (3), la même amende que pour celui d'un homme libre, l'un est le banquet des noces, le second est le banquet des fiançailles (4), le troisième est le banquet des funérailles.

XIV (1). Si quelqu'un est tué en dehors du *garzsliþ* (2), les voisins (3) doivent pour cela payer une amende de neuf marks ou livrer le meurtrier (4). Ils doivent conduire le meurtrier au þing, demander pour lui un sauf-conduit afin d'aller au þing et d'en revenir. Il doit avouer le meurtre. Il a droit ensuite à la paix un jour et une nuit pour se rendre dans les bois. — § 1. Si quelqu'un est tué (sur le terrain situé) entre trois bys, et si chacun d'eux (des bys) prétend n'être pas propriétaire du terrain, ils doivent se défendre avec deux tylpts. Si l'un d'eux ne fait pas sa preuve, il paiera l'amende. Si aucun d'eux ne fait sa preuve (5), ils doivent tous payer une amende de neuf marks *ou livrer le meurtrier* (6). Ils doivent ensuite partager tous entre eux le terrain. — § 2. Si

(3) L'esclave étant une chose, le meurtre, les mutilations, les blessures commis sur lui n'entraînent point en principe de conséquences pénales, mais simplement une action en dommages-intérêts. Cette action ne peut naître d'ailleurs lorsque l'esclave appartient à l'auteur même du meurtre ou de la blessure. V. I, Vs. c. III. Cp. Grimm, p. 342.

(4) Sur le banquet des fiançailles et le banquet des noces. V. I. Gb. c. IX et n.

XIV. (1) Cp. II, Db. c. XXVIII-XXXI.

(2) *Garþsliþ* = ostium areæ vel porta per quam in aream domus intratur (Schlyter, Gl. Vg.). = porta sæpis aream domus cingentis (Bring.). — Le véritable sens du texte est « si un cadavre est trouvé en dehors du garzliþ. »

(3) *Granni*, c'est-à-dire les habitants du même by.

(4) La responsabilité collective soit des habitants d'un by, soit de ceux d'un hæraþ s'explique par l'association particulière qui existe entre les divers membres de ces circonscriptions pour la garantie de la paix individuelle. Tous se sont engagés réciproquement à assurer cette paix, donc si elle est violée au préjudice des membres de l'association, tous doivent réparation lorsque l'auteur de l'infraction ne peut être découvert. La réparation est due d'abord par les membres de l'association la plus étroite, celle qui existe entre voisins, entre habitants du même by. Si cette réparation par le by est impossible, elle incombe alors au hæraþ. La responsabilité du hæraþ, admise en principe par notre chapitre, est réglée d'une manière beaucoup plus détaillée par d'autres lois provinciales. V. notamment Ög. Dr. c. XII. Cp. Nordström, II, p. 394-397. — Un autre cas de responsabilité collective est réglé par notre loi, I. Rb. c. VIII : 1.

(5) « Ou si tous la font », ajoute le c. XXIX du C. R.

(6) Les mots en italique n'existent point dans le C. R.

un cadavre est porté sur le terrain d'autrui et si l'on peut voir le sang et les traces du crime là où le meurtre a été commis, celui-là doit payer l'amende qui est propriétaire du terrain. — § 3. Si quelqu'un est tué sur un terrain appartenant à tous les Vestrogoths, et si l'on ne connaît pas le meurtrier, on poursuivra le by (7) le plus proche. S'il (ce by) ne veut pas avouer le crime (8), on poursuivra l'autre by le plus rapproché. Il doit (comme le premier) se défendre avec deux tylpts. Le troisième by doit se justifier de même. Si les trois bys se sont justifiés, le hæraþ le plus proche qui a la jouissance de l'almænning paiera l'amende; il doit payer une amende de neuf marks ou livrer le meurtrier (9).

XV (1). Si quelqu'un tombe sous la roue d'un moulin et en meurt, le propriétaire du moulin paiera une amende de trois marks. — § 1. Si quelqu'un tombe dans un puits, dans un réservoir ou dans un barrage à poissons et en meurt, le propriétaire (de l'ouvrage) paiera pour cela une amende de trois marks. — § 2. Si quelqu'un passe sur un piège à ours ou à élan et en meurt, le propriétaire (du piège) paiera pour cela une amende de trois marks. — § 3. Si quelqu'un élève un poteau et le laisse tomber sur une personne qui en est tuée, celui qui (2) élevait (ce poteau) paiera pour cela une amende de trois marks. En cas de mort causée (3) par les coups de

(7) C'est à tort que Wilda, p. 277, estime que « l'on doit poursuivre le propriétaire dont la demeure est la plus rapprochée du lieu du crime. » Il a confondu by (pagus) avec le verbe *boæ, byæ*, habiter, résider.

(8) « Il doit se justifier avec deux tylpts », ajoute le C. R.

(9) D'après Amira, p. 406, l'amende serait payée ici à l'héritier de la victime, parce que le ch. XIV se rattache aux dispositions des ch. XII et XV relatives aux homicides par *handaværki* (V. *suprà*, ch. XIII, note 2). Wilda, p. 217, estime au contraire que l'amende de neuf marks revient au roi. C'est plutôt à cette dernière opinion que nous nous rallierions, car notre loi (V : 1) range parmi les revenus du roi en Vestrogothie le *dulgha drap*, c'est-à-dire l'amende imposée à un ou plusieurs bys précisément dans l'hypothèse du ch. XIV. Schlyter, Gl. Vg.

XV. (1) Cp. II, Db. c. XXXII, XXXIII, XXXV-XXXIX. Cp. Lex Ripuaria, LXX : 2.

(2) « Était propriétaire du poteau et qui » ajoute le C. R.

(3) « Par les coups de pied d'un cheval » ajoute le C. R. On peut conclure du rapprochement du C. A. et du C. R. que l'énumération faite au texte n'est pas limitative.

corne d'un taureau, par l'attaque d'un verrat ou la morsure d'un chien, (le propriétaire de l'animal) paiera pour cela une amende de trois marks.

LIVRE III.

Des actions relatives aux blessures
(Af særæ malum bolkar).

I. Si une personne est blessée par une autre, on doit dénoncer la blessure au premier þing. Lorsqu'on ne sait pas si celui pour qui on intente l'action est vivant ou mort, on peut aussi (la dénoncer) au second þing, mais on doit poursuivre au troisième þing, sinon l'action est prescrite. Il (le demandeur) doit alors faire examiner la blessure. Les þingsmæn doivent témoigner si c'est une blessure pleine (*fullsæri*) (1). Si les soins à donner exigent une sonde ou un autre instrument chirurgical, des bandages et un médecin, c'est une blessure pleine. On doit faire fixer par jugement un endaghi et prouver contre lui (l'auteur de la blessure) avec deux tylpts et le témoignage de trois þingsmæn. (Le demandeur doit) jurer « que Dieu me soit propice et à mes cojureurs, qu'il est le véritable auteur de la blessure et que je l'ai ainsi nommé au þing. » Alors celui qui a fait la blessure doit légalement offrir l'amende de neuf marks au sægnarþing, apporter l'amende et demander des *tækkiumæn* (2). Il (3) doit alors faire juger qu'il a droit à la paix (s'il paie) neuf marks au hæraþ et autant au roi. S'il est le véritable coupable, le hæraþ doit le condamner, sinon il doit fuir pour sa paix (4).

I. (1) Cp. Lex Alaman. c. LXV : 5, 6; L. Bajuvar. III : 4. Cp. Wilda, p. 736.

(2) *Tækkiumaþer* (de *taka*, recevoir) = qui aliquid alieno nomine accipit.

(3) III : 84 : « Si quelqu'un est blessé et compose lui-même avec trois témoins et meurt de la même blessure, l'héritier se contentera de l'amende que le de cujus a reçue lui-même. Si l'héritier réclame une autre amende, celui qui a fait la blessure se défendra avec le serment d'une tylpt et deux témoins pris parmi ceux qui étaient présents lorsqu'il a composé et payé l'amende au de cujus. »

(4) L'obscurité de cette phrase provient probablement, comme le remarque

II. Si le demandeur ne fait pas sa preuve, on doit au þing réunir un *næmd* (1) d'hommes honorables du *fiarþung* (2) pour jurer qu'il (l'accusé) n'est point l'auteur de la blessure et qu'il était sur le lieu de l'infraction sans mauvaise intention.

III. L'amende est la même que la blessure soit faite à un Svéo-Goth (non Vestrogoth) ou à un Vestrogoth. — § 1. Les Danois et les Norvégiens ont droit pour la blessure à la même amende que les Vestrogoths (1).

IV (1). Si quelqu'un coupe la main d'une personne, il paiera une amende de neuf marks pour la blessure et de trois marks pour la mutilation (2). — § 1. Si quelqu'un coupe le pouce à une personne, il paiera neuf marks pour la blessure et douze öres pour la mutilation; pour le second doigt (il paiera) neuf marks pour la blessure et six öres pour la mutilation; pour le medium (il paiera) neuf marks pour la blessure et un demi-mark pour la mutilation; pour le quatrième doigt (il paiera) neuf marks pour la blessure et deux öres pour la mutilation; pour le petit doigt (il paiera) neuf marks pour la blessure et un öre pour la mutilation. — § 2. Si l'on coupe le nez à quelqu'un, on paiera une amende de trois marks pour la mutilation et de neuf marks pour la blessure. — § 3. Si l'on fait sortir l'œil de la tête à quelqu'un, on paiera une amende de trois marks pour l'œil et de neuf marks pour la blessure. — § 4. Si quelqu'un coupe l'oreille d'une

Schlyter, d'une mutilation de texte. Le sens en est éclairé par le c. I : 2, Bb. *infrà*.

II. (1) *Næmd* = sorte de jury, composé de douze personnes et constitué pour l'instruction de certaines causes civiles ou criminelles. Sur le næmd, son origine, sa formation, son rôle et sa compétence, V. II, Add. VII : 25, note 1.

(2) Le *fiarþung* ou *fiærþung* est l'un des quatre cantons du hæraþ. Il a, d'après Nordström, son chef spécial et son þing propre.

III. (1) Pour les blessures tous les Scandinaves sont donc assimilés aux Vestrogoths; secus pour le meurtre, *supr.* I. Md. c. V.

IV. (1) Sur la proportionnalité de la composition à la gravité de la blessure, cp. pour l'ancien droit germanique, Grimm, p. 94. — Le système admis par notre loi et qui distingue entre la blessure et la mutilation est suivi de même par la loi d'Upland, Mh. XXIV : 1; mais il est étranger à la plupart des lois scandinaves ainsi qu'aux lois germaines. Cp. Wilda, p. 760.

(2) Couper les deux mains est un orbotamal. V. I, Om., § 3.

personne, il paiera une amende de trois marks pour la mutilation et de neuf marks pour la blessure. — § 5. Si l'on brise les dents de quelqu'un de façon à gêner sa parole, on paiera une amende de trois marks pour la mutilation et de neuf marks pour la blessure. — § 6. La castration emporte une amende de neuf marks pour la mutilation et de neuf marks pour la blessure. — § 7. Si l'on coupe les orteils à quelqu'un, on paiera pour les orteils la même somme que pour les doigts (3). — § 8. La mutilation doit durer un an. On voit alors s'il y a mutilation et l'on touche l'amende pour la mutilation. Les règles sont les mêmes pour la mutilation accidentelle et la mutilation volontaire.

V. Si un homme du Sud ou un Anglais est blessé, il a droit à une amende de trente-deux örtughs, et le roi a une örtugh et cinq öres. Il en est de même pour (la blessure faite à) un affranchi. Les habitants du hæraþ sont convenus dans ce cas de ne pas exiger une part dans l'amende.

VI. Si un esclave reçoit une blessure, on paiera une amende de quatre marks. Le demandeur seul a droit à l'amende. — § 1. Si un affranchi ou un esclave blesse un ingénu, celui-ci peut demander que le coupable soit déclaré *ugilder* (1); s'il préfère à la vengeance le paiement d'une amende, on lui paiera pour cela trois marks (2).

LIVRE IV.

Des blessures accidentelles (*Af vaþæ sarum*).

I. Si quelqu'un est transpercé ou blessé dans le ventre par accident, on paiera pour cela une amende de trois marks pour l'entrée de la blessure (1) et de trois marks pour la sortie. —

(3) Cp. Lex Wisigoth. VI : 4 : 3 : « Quæ scilicet summa et de pedibus erit implenda. »

VI. (1) *Ugilder* = qui peut être tué impunément sans que le meurtre donne lieu au paiement d'une amende.

(2) Ici le droit du maître de racheter l'esclave dépend par exception du consentement de la partie lésée. Cp. II, þb. c. XXI, XXII.

I. (1) Les lésions corporelles peuvent être rangées en trois classes, 1° les

§ 1. Si quelqu'un est frappé sur la tête et si l'on voit la dure-mère, si les deux parties disent que c'est par accident, l'amende est pour cela de trois marks. — § 2. Lorsque l'instrument de la blessure pénètre à travers les chairs jusqu'à l'os, l'amende est pour cela de douze öres. — § 3. Si l'on transperce une partie charnue du corps, l'amende est de six öres pour l'entrée de la blessure et de six öres pour la sortie. — § 4. Pour la blessure qui ne transperce pas, l'amende est de six öres si la blessure est accidentelle. Il n'y a blessure accidentelle que si les deux parties le veulent (2).

II. Le jeune homme doit, pour une blessure accidentelle, payer la même amende que le vieillard. On paie autant pour la blessure d'une femme que pour celle d'un homme. La femme doit payer une amende égale à celle qu'elle reçoit. — § 1. Si un enfant blesse un enfant, cela ne peut s'appeler autrement qu'un accident. L'amende à payer pour cette blessure accidentelle est de six öres comme il est dit. — § 2. Si un enfant tue, cet enfant paiera pour cela une amende de neuf marks (1).

III (1). Si un esclave reçoit une blessure accidentelle, s'il ne peut pas travailler (2) pour son maître et reste couché huit jours, on paiera une amende d'une örtugh; s'il reste couché

blessures (*sar*), les coups (*bardaghi*) et les mutilations (*læster*, V. *infrà* Sm. c. IV). — Cp. L. Fris. XXII, Epit: « Liti vero compositio sive in vulneribus, sive in percussionibus, sive in mancationibus... » — Cp. Wilda, p. 729. — Le signe caractéristique de la blessure est l'effusion du sang.

(2) C'est-à-dire que si la victime ne consent point à considérer le dommage comme causé involontairement, la blessure est traitée comme volontaire (*Viliaværk*) et punie alors suivant les règles du livre précédent. La loi exige ici l'assentiment de la partie lésée parce que des doutes très sérieux peuvent s'élever sur le caractère de l'infraction et qu'il y a tout au moins une négligence grave à reprocher au défendeur.

II. (1) L'enfant dont il s'agit est ici le mineur de quinze ans. V. *infrà*, Bb. c. III, note 2.

Quant au meurtre d'un enfant par un majeur, il ne semble pas que la loi de Vestrogothie l'ait puni plus sévèrement que le meurtre d'un adulte (V. toutefois le cas d'infanticide prévu III : 132, traduit *infrà*, Ab. c. XI, note 1. — La loi d'Upland édictait au contraire des dispositions très rigoureuses pour le meurtre d'un enfant de moins de sept ans (amende de 140 marks).

III. (1) Cp. II, Vs. c. X, XI.

(2) *Byærghas* = condere, messem colligere, selon Bring, p. 81.

seize jours, on paiera une amende de deux örtughs; s'il reste couché vingt-quatre jours, on paiera une amende d'un öre. S'il reste couché plus longtemps, l'amende n'est pas plus élevée pour cela. — § 1. On doit payer les frais de médecin pour (la blessure), c'est-à-dire trois (3) öres et non davantage, à moins qu'il (le maître de l'esclave) n'ose jurer avec une tylpt qu'il a payé un demi-mark (au médecin). — § 2. On doit apprécier la mutilation de l'esclave. Autant il est déprécié, autant on doit payer d'amende. Il en est de même pour l'affranchi.

IV (1). Lorsqu'un ingénu reçoit accidentellement une blessure *skenu* (2), et qu'il n'est besoin ni de sonde ni d'autre instrument chirurgical, il reçoit (de l'auteur de la blessure) avec la composition (3) le serment d'égalité (4) (ainsi conçu) : « Que Dieu me soit propice et à mes cojureurs, que si j'avais à t'accuser de ce dont tu m'accuses aujourd'hui, je me contenterais d'une amende égale à celle que j'apporte actuellement. »

V (1). En cas de blessure faite par un chien ou par un autre animal (2), l'amende est de deux öres pour la blessure et de trois öres pour les frais de médecin, à moins qu'il (le blessé) ne puisse prouver avec le serment d'une tylpt qu'il a donné un demi-mark (au médecin).

(3) « Deux öres », porte le C. R.

IV. (1) Cp. II, Vs. c. XII.

(2) *Skena* = vulnus vel læsio gravior, instrumento non per se letali, ex. c. pertica, facta. Schlyter, Gl. Vg. — Pour Wilda, p. 742, *skena* désigne une lésion grave occasionnée par un coup *sec;* la rupture d'un os, par exemple, serait une skena.

(3) C'est-à-dire six öres. Bring, p. 82, n. 4.

(4) *Jamnæþer eþ*. Ihre, I, p. 969, traduit à tort : « Juramentum virorum honestorum, vel forte quibus utraque pars æque adquiescit. » — V. Schlyter, Gl. p. 331.

V. (1) Cp. II, Vs. c. XIV.

(2) Cp. Edictum Rotharis, c. 331 ; Grimm, p. 661.

LIVRE V.

Des coups (*Bardaghæ*).

I (1). Si quelqu'un est battu et sa paix violée, il doit dénoncer la cause à son domicile (au défendeur) et fixer un *siunætting* (2) au septième jour et se rendre réellement au siunætting avec ceux qu'il veut. Il doit alors produire des témoins oculaires (pour établir) que son honneur est atteint et sa sécurité (3) troublée. Un autre doit apporter le témoignage constatant que le fait a été montré aux témoins (4). On doit alors indiquer le þing de tous les Vestrogoths et y faire fixer par jugement un endaghi. Les þingsmæn (5) doivent rendre témoignage; (le demandeur doit) prouver les coups contre lui avec deux tylpts; alors les *hörængiar* doivent prêter serment (6) après les deux tylpts. (Le défendeur) doit

I. (1) Cp. II Frb. c. I. — Ce livre paraît comprendre les violations de la paix résultant de mauvais traitements sans qu'il y ait blessure pleine. Il est à remarquer que les dispositions de ce livre sont reproduites au Codex recentior, dans le livre de la paix, *Friþbalker*.

(2) *Siunætting* signifie littéralement un délai de sept nuits, *siu nætter*. Puis on donna à ce mot le sens de « condictio septimi diei » dans les causes civiles et criminelles où l'une des parties donnait préalablement un rendez-vous à l'autre pour accomplir certains actes de la procédure. — Cp. Lex salica, XLIII : 4 : « Ad septem noctes condicere. »

(3) *Manhælghi* désigne la paix et la sécurité auxquelles a droit tout homme libre, *Manhælghisböt* la composition pour meurtre, coups, blessures ou autre attentat à la personne. Cependant d'autres lois provinciales traitent aussi dans le *Manhælghisbalk* des attentats à la propriété.

(4) *Skirskota* = appellatis testibus monstrare, vel præsentium memoriæ antestando commendare; Schlyter, Gl. Vg. — Il y a donc deux séries de témoignages : 1° le battu prend d'abord à témoin (skirskuta) des coups les personnes présentes; 2° à l'endaghi, c'est une autre personne qui vient témoigner que le battu a pris les premiers témoins, que l'affaire a été *skirskutad*.

(5) Les þingsmæn rendent témoignage à l'endaghi. V. *suprà*, Md., c. I : 2.

(6) Les *hörængiar* (de *höra*, entendre) qui ne sont autres que les þingsmæn délégués à l'endaghi, prêtent serment, lorsqu'ils sont de retour au þing, que le demandeur a fait à l'endaghi sa preuve avec deux tylpts. Cp. *suprà*, Md. c. I, n. 18.

offrir l'amende légale s'il veut avoir sa paix. Si le demandeur échoue dans sa preuve, le næmd du fiærþung connaît de l'affaire. — § 1. S'il veut offrir l'amende légale, c'est huit örtughs et cinq marks. Le hæraþ touche onze öres moins une örtugh et le roi autant. Il doit offrir l'amende légale au sægnarþing et faire juger qu'il peut ensuite demeurer en paix. — § 2. S'il ne veut pas offrir l'amende légale, le demandeur peut obtenir un jugement au þing et prouver avec les umstaþumæn (7) qu'il a accompli à l'endaghi tout ce qu'exige la loi pour sa paix (au défendeur) (8), et (au þing) le faire ensuite juger proscrit.

II (1). Si quelqu'un frappe un Anglais ou un homme du Sud, il paiera pour cela au demandeur une amende de sept öres moins une örtugh et quatre örtughs au roi. — § 1. L'amende est la même pour les coups portés à un affranchi; elle est de six öres lorsqu'un esclave est battu.

III (1). Si un adulte bat un impubère (2), il paiera pour cela une amende de deux öres. L'impubère doit payer une amende égale à celle qu'il reçoit. — § 1. Si deux impubères se battent, et que l'un d'eux en souffre un dommage, l'amende est pour cela de deux öres.

(7) Cp. *suprà*, Md. c. I, note 18.

(8) Cp. *suprà*, Md. c. I, note 19.

II. (1) Cp. II Frb. c. II, III.

III. (1) Cp. II Frb. c. IV, V.

(2) *Ovormaghi*, mineur de quinze ans. D'autres lois provinciales fixent formellement la majorité à cet âge (Cp. Upl. Mh. c. II : pr.). Jusque-là le mineur est représenté par son tuteur. A quinze ans révolus, il est pleinement responsable en matière pénale comme en matière civile. La distinction entre les deux matières est encore inconnue dans l'ordonnance du 17 mars 1669, § 36. Elle n'apparaît que dans l'ordonnance du 30 octobre 1721, qui fixe la majorité civile à vingt et un ans, mais admet la responsabilité criminelle avant cet âge, quand le coupable a agi avec discernement. — Cp. Lex Visigoth. IV : 3 : 1 et Grimm, p. 415. — La loi d'Ostrogothie, Vaþ. c. XV : 3 pose, à l'occasion des infractions commises par le mineur, ce principe général qui devait être admis par toutes les lois suédoises : « Toutes les actions (infractions) du mineur sont considérées comme résultant d'un accident (*taks til vaþa*) et il ne paie pas une amende plus forte lorsqu'il y a volonté (de nuire) que lorsqu'il y a accident. » La même loi réduit en conséquence l'amende pour homicide due par le mineur au tiers de quarante marks, et c'est le demandeur seul qui, à l'exclusion du hæraþ et du roi, touche l'amende. Dr. c. XVIII : 2. — Cp. Wilda, p. 642.

IV (1). Si un mari bat sa femme (2) à table (3), il lui paiera une amende de trois marks. S'il la bat à l'église, il lui paiera une amende de trois marks. L'amende est à la charge de la communauté, mais, à la dissolution du mariage soit par le divorce, soit par la mort (4), la femme prélève l'amende sur les biens communs.

V (1). Si quelqu'un reçoit des coups accidentellement, et s'il n'y a ni lividité ni trace de sang, c'est un *svartæslagh* (2) ne donnant lieu à aucune action.

IV. (1) Cp. II, Frb. c. VI-VIII.

(2) III : 146 : « Si quelqu'un fait à sa femme une blessure pleine ou lui casse un os, il lui paiera une amende de douze marks et personne autre (qu'elle) n'a droit à l'amende. » — A l'origine, le pouvoir du mari sur la personne de sa femme fut probablement le même que celui du père sur ses enfants (V. I, Gb. c. VIII, note 5), car le mari achète au père son pouvoir sur sa fille. Le mari eut donc non-seulement le droit de correction, mais encore le droit de vente (En ce sens, Nordström, II, p. 60). Avait-il également le droit de la tuer? C'est ce que l'on pourrait peut-être induire de l'omission que fait notre loi (I, Gb. c. VIII : 1; II, Gb. c. XV) du meurtre de la femme par son mari. Dans tous les cas, le droit de vie et mort n'existe plus au profit du mari, à l'époque de la rédaction de notre loi, qu'en cas de flagrant délit d'adultère (I, Md. c. XI) et encore faut-il remarquer que la loi de Vestrogothie, à la différence de la loi d'Upland, par exemple (Aerfþ, VI : 2), ne parle que du meurtre du complice de la femme. — L'adoucissement des mœurs fit réprimer même les coups ou blessures portés à la femme par le mari; toutefois l'amende encourue par le mari n'est due qu'à la femme, car l'infraction n'a pas troublé la paix publique. C'est un vestige de l'ancien droit du mari. — La loi d'Upland Mh. c. XIII punit moins sévèrement le meurtre de la femme par le mari lorsque celui-ci a eu l'intention de la corriger mais sans vouloir la tuer. — Cp. Wilda, p. 717. Grand Coutumier de Normandie, c. 85 : « Aucun n'est tenu de *faire loi* pour simple bâture qu'il ait faite à sa femme; car on doit entendre qu'il le fait pour la *chastier*. » V. Laferrière, *l. c.*

(3) *I ölbænk*. L'*ölbænker* est le banc sur lequel on s'assiet autour de la table, à proprement parler pour boire de la bière, *öl*.

(4) *Hvat þem skil hælþer hughær* (*animus*) *allær hæl* (*mors*). — Les anciens historiens suédois (Stjernhjelm, Loccenius, Lundius et Ihre) se sont mépris sur le sens de ce passage en traduisant ici *hæl* par talon (*häl* en suédois moderne), sens que ce mot a dans d'autres passages (V, I. Ab. c. XII : 1). Grimm est également dans l'erreur quand il explique ainsi (p. 454) la phrase précitée : « Ferse und sinn wenden sie von einander ab, leib und seele. » — En notre sens : Schlyter, Gl. Vg. et Bring, p. 92, n. k.

V. (1) Cp. II, Frb. c. IX.

(2) *Svarta slagh* (de *svarter*, noir ou de *svarder*, cuir chevelu) blessure produisant les effets indiqués par le texte.

VI (1). Si quelqu'un est accusé d'un meurtre qui ne peut pas être prouvé, le hærapshöfpingi, doit l'absoudre (2) avec le serment de deux tylpts de næmdemæn (3) du hærap.

VII (1). Lorsque l'amende du proscrit (2) n'a pas été payée, on doit demander le partage des biens communs et payer les dettes; personne (3) (ne reçoit) plus que trois marks. La femme doit prendre son tiers et trois marks à titre d'*hindradaghsgæf* (4). L'héritier prend la moitié de ce qui reste. Puis on partage la part restante en trois lots; le demandeur en prend un, le roi l'autre et le hærap le troisième (5).

VIII (1). Si une femme empoisonne son mari et si le næmd clos (2) du hærap la condamne, elle a droit à la paix un jour et une nuit pour se rendre dans les bois. Puis elle est condamnée à pouvoir être tuée impunément par les héritiers de la victime et par le demandeur. Celui qui la rencontre peut la tuer (impunément).

IX (1). Si quelqu'un reçoit une blessure, reste longtemps

VI. (1) Cp. II, Frb. c. X.

(2) Ou condamner, le cas échéant.

(3) Cp. I, Md. c. XI, note 4.

VII. (1) Cp. II, Frb. c. XI.

(2) C'est-à-dire par le paiement de laquelle il devait recouvrer la paix, n'est pas encore payée à sa mort. Nous adoptons le sens de Schlyter et de Loccenius. Lund traduit : « Ob crimen ejus modi, bonis amissis, divisio postulabitur. » — Il s'agit ici du cas où l'acceptation de l'amende ne dépend point de l'offensé. Wilda, p. 290.

(3) Nous traduisons ainsi parce que le texte porte *ængin* (nom.). Le C. R. porte *ingum* (dat.) et il faut alors traduire : « On ne doit payer à personne plus de trois marks. » — Il y a une dette qui ne subit pas de réduction, c'est celle qui dérive de l'infraction en raison de laquelle la proscription est prononcée. V. II pb. c. X; IV : 18 : 11.

(4) *Hindradaghsgæf* = don du lendemain des noces, donum matutinum. — L'expression *morghongæf* (morgongâfva en suédois moderne), *morgengaben*, est usitée par les textes comme synonyme d'hindradaghsgæf. Sur ce don, V. I. Ab. c. V, note 3.

(5) Le c. XI Frb. du C. R. ajoute « si l'epsöre n'a pas été violé. » Sur l'epsöre, V. II. Om. c. I : 13 et Add. VII : 1.

VIII. (1) Cp. II, Frb. c. XII. V. *suprà*, Md. c. V, note 3.

(2) *Lukt næmd.* Sur le sens de cette expression, V. II. Add. III : pr. note 1.

IX. (1) Cp. II, Frb. c. XIII. — Sur la même question de savoir dans quels cas une blessure doit être considérée comme mortelle et assimilée à l'homicide immédiatement consommé, V. Upl. Mh. c. XXV : pr. Cp. Wilda, p. 688.

couché, puis se lève dans l'intervalle et vient à mourir, ses héritiers poursuivront l'auteur de la blessure et le dénonceront comme meurtrier. Il (le défendeur) doit se défendre avec le næmd clos du hæraþ s'il (la victime) meurt dans l'an et nuit; s'il survit à ce délai, (le défendeur) ne paie pas d'amende. S'il (le défendeur) échoue dans sa preuve, il paiera l'amende (du meurtre) (2).

LIVRE VI.

Des crimes qui ne peuvent être expiés par une amende (*Orbotæ mal* *).

Si quelqu'un tue une personne dans une église, c'est un niþingsværk (1) qui ne peut être expié par une amende. — § 1. Si quelqu'un tue une personne au þing, c'est un niþingsværk. — § 2. Si quelqu'un viole la paix promise et se venge depuis que la composition a été offerte et acceptée (2), si quelqu'un se venge d'un vol (3), ou si quelqu'un se venge d'une

(2) Le C. R. ajoute : « Et subit la pénitence ecclésiastique le plus tôt possible. »

* Nous adoptons le sens de Schlyter. En suédois moderne urbotamål signifie également un crime qui ne peut être expié par une amende pécuniaire. — Bring, p. 97, note *p*, donne au contraire de cette expression l'explication suivante : « Appellantur mox infra ezöre konongz, quorum pœna erat exilium et bonorum amissio, quæ pœna etiam heic (dans le Codex recentior, Om. I : 13) statuitur : fîri all thessi mal skal boo skiptæ (pour toutes ces causes on doit partager les biens). Cum igitur böter (mulctæ) in quantitate certa et determinata consisterent, orbotamal vi vocis nihil aliud significare videtur, quam ea delicta, quorum nulla certa et statuta est mulcta, sed quorum pœna in genere est præter exilium bonorum omnium mobilium omissio. »

(1) Niþingsværk = scelus nefarium. C'est en raison de la bassesse (*niþ*, en bas) révélée par ces crimes chez leur auteur que la loi se montre plus sévère.

(2) Cp. Gragas, Vigs. c. cxiii, *Griþamal*, formulæ pacificandi ; Gulathingslov, M. c. 28. Capit. a 805, in Theod. villa, c. 5, Pertz, p. 133.

(3) C'est-à-dire, croyons-nous, si celui qui a été condamné pour vol se venge de la peine qui lui a été infligée. C'est le sens qui nous paraît résulter de la suite du texte et de la comparaison du C. R. Om. c. I : 11.

peine qui a été prononcée contre lui au þing, soit par une blessure, soit par un meurtre, soit par un incendie, c'est un niþingsværk; il est proscrit et ses biens meubles (4) sont confisqués. — § 3. Si quelqu'un coupe à une personne les deux (5) mains, c'est un niþingsværk. Si quelqu'un tue une personne endormie, c'est un niþingsværk. — § 4. C'est un niþingsværk de faire irruption dans son pays à main armée à travers les bois, de conduire une armée (ennemie) dans son pays; (le coupable) est puni du bannissement et de la confiscation de ses biens meubles et immeubles (6). — § 5. Si quelqu'un attache une personne dans un bois à un arbre, c'est un niþingsværk. — § 6. Si quelqu'un lance un javelot par une lucarne du toit (7) et tue une personne, ou tue une personne qui nage ou qui se baigne, ou qui satisfait un besoin naturel, crève à une personne les deux yeux, ou lui arrache la langue de la tête, ou lui coupe les deux pieds, si quelqu'un tue une femme, tout cela est un niþingsværk. Elle (la femme) a toujours droit à la paix lorsqu'elle va à une réunion et à la messe, quelque grande que soit l'inimitié entre les hommes (8). — § 7. Si quelqu'un tue son maître (9), c'est un niþingsværk. — § 8. Si quelqu'un tue une personne à table avec un couteau et s'il mange à la même table la même viande avec le même couteau, c'est un niþingsværk. — § 9. Si quelqu'un abat le

(4) Faut-il dire que les immeubles sont également confisqués? C'est ce qui semblerait résulter de la comparaison du § 2 avec le § 4. (Schlyter, Vg. Gl. v° Land, paraît en ce sens.) Le niþingsværk entraînerait donc l'exclusion complète des héritiers. Secus pour le crime qui n'a pas le caractère déshonorant du niþingsværk. V. I. Bard. c. VII.

(5) Cette circonstance indique la préméditation. Cp. I Sm. c. IV : pr.

(6) Cpr. pour ce crime de lèse-patrie, Wilda, p. 384.

(7) Cette circonstance indique la préméditation. « Cum enim esset superne in ædibus facta fenestra, necesse erat ut nonnisi consulto et cogitato posset aliquis per fenestram jaculari, quanquam hoc apud nos vel culpa, vel casu fieri potest. » Bring, p. 105, note 2.

(8) La loi d'Upland, Mhb. XI : 6, punit le meurtre d'une femme d'une amende double de l'amende ordinaire du meurtre. Cp. Lex Alamann. LXVII; lex Bajuvar. III : 13 : 2 : « Et quia femina cum armis se defendere nequiverit, duplicem compositionem accipiat. »

(9) *Lönærdroten* = herus. Le texte vise plutôt l'hypothèse du serviteur qui tue son maître que celle du fermier qui tue son bailleur. V. Amira, p. 622.

bétail d'une personne et devient *gorwarghær* (10), c'est un niþingsværk. — § 10. Si quelqu'un monte à bord d'un bateau corsaire, devient pirate et dépouille sa victime après l'avoir jetée à terre en lui tenant le pied sur la gorge et sur la tête, c'est un niþingsværk.

LIVRE VII *.

Des successions (*Arfþær bolkær*).

I (1). Le fils est l'héritier du père. S'il n'y a pas fils (2), la fille est (héritière). S'il n'y a pas de fille, le père est (héritier). Si le père n'existe pas, la mère est (héritière). (Si la

(10) *Gorvargher*, littér., tueur de bestiaux, qui les abîme de telle sorte que leurs intestins sortent avec de la sanie. Schlyter, Gl. — *Vargher* signifie, d'une manière générale, celui qui commet une action infâme. Cp. II, Rb. c. III, *Kasnavargher*. — Cp. *infrà*, I, Rb. c. VIII, pr. et notes.

* Le système des anciennes lois suédoises en matière de succession *ab intestat*, système dont la loi de Vestrogothie s'écarte légèrement, est ainsi exposé par M. Dareste (*loc. cit.*) : « L'ordre des successions n'est pas le même dans toutes les coutumes; la différence est surtout sensible entre les lois de la Suède proprement dite et celles de la Gothie. Mais, au fond de tous ces systèmes, on retrouve un principe fondamental, qui était autrefois celui du droit athénien, et qui du droit des Lombards est passé dans le droit canonique; c'est le principe de la succession *per parentelas*. On entend par ce mot *parentela* tous ceux qui descendent d'un auteur commun. En conséquence, la succession appartient d'abord à la ligne directe descendante, puis au père ou à la mère et à leurs descendants, c'est-à-dire aux frères et sœurs; en troisième ordre à l'aïeul, à l'aïeule et à leurs enfants, c'est-à-dire aux oncles, tantes et cousins, et ainsi de suite. Du reste, dans chaque parentèle la succession n'est pas toujours déférée au plus proche en degré... Un trait caractéristique à ce système est l'exclusion de la représentation. Ainsi dans les plus anciennes lois, celles de la Gothie, lorsque le défunt laissait un fils et un petit-fils né d'un autre fils, la succession appartenait toute entière au premier, à l'exclusion du second. Mais cette rigueur ne se maintint pas. Déjà la loi d'Upland admet la représentation à tous les degrés. Elle finit par être admise dans les Codes, en ligne directe à l'infini, et en ligne collatérale au premier degré. » Cette exclusion originaire de la représentation, se comprend très bien si l'on songe que celle-ci était un obstacle à la constitution des grands patrimoines qui faisaient la force des familles. Cp. Grimm, p. 471.

I. (1) Cp. II, Ab. c. I.

(2) Le Codex recentior admet, au contraire, la fille concurremment avec le fils, mais en lui accordant une part moindre. Cet adoucissement de la légis-

mère n'existe plus) le frère est (héritier). S'il n'y a pas de frère, la sœur est (héritière). S'il n'y a pas de sœur, les enfants du fils sont (héritiers). S'il n'y a pas d'enfants du fils, les enfants de la fille sont (héritiers). S'il n'y a pas d'enfants de la fille, les enfants du frère sont (héritiers). S'il n'y a pas d'enfants du frère, les enfants de la sœur sont (héritiers). S'il n'y a pas d'enfants de la sœur, le grand-père paternel est (héritier). (Si le grand père paternel n'existe plus, le grand père maternel est héritier). Si l'aïeule maternelle et l'oncle paternel existent, l'aïeule maternelle prend la succession, et l'oncle paternel est exclu (3).

lation en faveur des femmes s'introduisit probablement en 1262, lorsque Birger Jarl maria son fils Valdemar à la princesse Sophie de Danemark. La Stora Rimkrönikan, p. 32, y fait allusion dans les termes suivants : « La jeune fille s'appelait Sophie, elle était reine *i Götha ok Swia.* Alors Birger Jarl rendit la loi qui depuis a été en vigueur, que la sœur doit hériter avec le frère, qu'elle doit prendre un tiers de la succession paternelle ou maternelle; de même pour les autres parents. » V. Nordström, II, p. 190. La règle posée par Birger Jarl est consacrée dans la loi d'Upland, Ab. XI, XII, ainsi que dans d'autres lois provinciales. De là elle a passé dans les Codes de Magnus et de Christophe et dans celui de 1734. Le principe de l'égalité n'a triomphé que par la loi du 19 mai 1845. Certaines lois provinciales accordent aux héritiers mâles (et au mari survivant lors du partage de la communauté) un droit de préciput sur les chevaux, les armes, les habits de guerre, et cela en raison de l'obligation du service militaire qui leur incombe. V. notamment loi d'Upl., Ab. X pr. Cp. Lex Angliorum et Werinorum, t. VI. Grimm, p. 569. — Lorsque les femmes furent admises à succéder, on chercha à les exclure des propres pour ne leur donner leur part qu'en acquêts. V. Uplandslag' Ab. XII, XIII. Helsingelag, Ab. XIII : 2. Aujourd'hui encore la loi suédoise, A. B., XII : 6, décide que, s'il n'y a pas plus d'un manoir dans la succession, il échoit aux frères, et la sœur reçoit sa part en terres éparses (*strögods*).

(3) Le droit de succéder ne dut, croyons-nous, appartenir originairement qu'à ceux qui participaient immédiatement à la même communauté de vie et de travail, qui vivaient en société pour ainsi dire (*fælagh*, suivant l'expression des lois danoises). Mais lorsque la solidarité familiale s'étendit aux membres qui avaient un domicile séparé, on dut également leur reconnaître le droit de succéder par application de la règle de justice : ubi onus, ibi emolumentum. Si donc notre loi (C. A. et C. R.) n'appelle expressément à la succession que certains parents, ce n'est point parce que les parents à un degré plus éloigné ne succèdent pas, mais parce que, au-delà d'un certain degré, il est difficile de trouver des expressions pour désigner les successibles. Cp. Lex Visigoth., IV : 1 : 7 : « Successionis autem idcirco gradus septem constituti sunt : quia ulterius, per rerum naturam, nec nomina inveniri, nec vita succedentibus propagari potest. »

II (1). La mère recueille la succession du fils. Si un fils unique meurt, les filles viennent à la succession et en prennent autant que la mère. — § 1. Si une mère a des enfants de deux lits et si le fils unique de l'un des lits meurt, les filles qui ont le même père que le *de cujus* viennent à la succession avec leur mère. Chacune d'elles prend autant que l'autre.

III (1). Le grand-père maternel et la grand-mère paternelle succèdent également. L'oncle maternel et la tante paternelle succèdent également. Les fils de la fille et les filles du fils succèdent également. Les fils de la sœur et les filles du frère succèdent également. — § 1. La succession se partage par moitié entre les parents paternels et les parents maternels, si les parents des deux côtés sont au même degré (avec le *de cujus*).

IV (1). Lorsqu'une femme reste dans le bo, que son mari meurt, et qu'elle se dit enceinte (2), elle doit rester dans le bo vingt semaines. On doit alors examiner si elle est enceinte (3). (Si elle n'est pas enceinte), on doit partager le bo. Elle doit rester dans la maison jusqu'au prochain jour légal de déménagement (4). Si le mari est mort avant le jour du déménagement, elle doit déménager. Si elle a ensemencé, elle doit profiter de ce qu'elle a semé. Si elle met au monde un enfant qui reçoit le baptême, elle a conservé la succession pour l'enfant. — § 1. Si un propriétaire a un enfant (meurt et) si sa femme est enceinte, tous les deux (la veuve et l'enfant)

II. (1) Cp. II, Ab. c. II.

III. (1) Cp. II, Ab. c. III.

IV. (1) Cp. II, Ab. c. IV-VI.

(2) La durée maxima de la gestation admise par la loi était probablement de dix mois, comme dans la loi d'Upland, Ab. X : 1.

(3) Cp. II, Ab. c. XIV, note 1.

(4) Il y a des jours de déménagement (*fardagher*) fixés par la loi. Notre loi en indique 4. IV : 3 : « Le premier jour de déménagement tombe le douzième jour après Noël, le deuxième à la Chandeleur, le troisième le dimanche de carnaval et le dernier à la mi-carême. » C'est à ces époques que le fermier doit successivement évacuer le bien loué. Ces quatre époques étaient déjà admises par le Codex recentior, car le c. XXV, Ab. parle du « dernier » jour de déménagement.

resteront dans le bo (en possession). — § 2. Si une femme (veuve) ayant un enfant se remarie, et si l'enfant a un esclave ou une esclave, on doit le mettre en possession du bo. Les parents paternels peuvent demander que la part de l'enfant soit distraite (de la masse commune). L'oncle paternel intente l'action au nom de l'enfant et l'esclave né à la maison doit administrer le bo. La mère doit avoir les clefs de la caisse où est renfermé l'argent appartenant à l'enfant et recouvrer les créances et payer les dettes. Si le grand-père maternel existe, c'est lui qui a les clefs de la caisse et non l'oncle paternel. Si le grand-père paternel existe, c'est lui qui doit avoir les clefs de la caisse et non le grand-père maternel. On ne peut enlever l'administration à la mère (5), à moins qu'il n'y ait un esclave né à la maison (6) pour administrer le bo. La mère doit

(5) La tutelle du mineur appartient en principe à son plus proche parent mâle, et, par exception, à la mère veuve et non remariée. La mère peut avoir alors et la garde de l'enfant et l'administration de ses biens; c'est une conséquence de l'ordre des successions (V. C. R. Ab. c. VI). La loi d'Ostrogothie, prévoyant le conflit d'intérêts entre le tuteur et le mineur (Gb. c. XIX, XX) décide qu'un parent maternel du mineur doit dans ce cas être provisoirement chargé de la tutelle. Notre loi est muette sur cette hypothèse. La loi d'Ostrogothie permet encore expressément d'écarter comme tuteur le parent paternel âgé, incapable, ou suspect. Ce droit résulte implicitement à notre avis du C. R. *loc. cit.*

Le tuteur n'a-t-il que la simple administration des biens du mineur, ainsi que dans les anciennes lois norvégiennes? (V. Gulaþ. Arveb. II) ou bien a-t-il la jouissance des biens du mineur? Nordström estime avec raison qu'il n'a que l'administration. Toutefois, comme il y a société (*fælagh*, dit le C. R.) entre le mineur et son tuteur, les revenus des deux patrimoines doivent être communs dans une certaine proportion. Cette proportion, croyons-nous, n'est pas fixe, car le C. R. dit qu'on doit nommer comme tuteur celui qui offre les meilleures conditions de société, c'est-à-dire celui qui se contente de la plus faible proportion dans les revenus du mineur.

La loi de Vestrogothie ne précise point la manière de contrôler la gestion du tuteur; elle se borne (C. R., *loc. cit.*) à poser en principe la possibilité de destituer le tuteur négligent. La loi d'Upland, Ab. VIII : 3, décide au contraire que « quel que soit celui qui a entre les mains les biens de l'enfant, que ce soit son père, sa mère ou un parent, il doit rendre compte chaque année des biens du mineur aux plus proches parents. »

(6) *Fostre*, esclave dont la condition était plus douce en fait. V. Grimm, p. 319.

visiter le bo trois fois par an s'il est administré par un *bryti* (7) (8).

V (1). Si quelqu'un a une femme légitime et en a des enfants, si elle meurt, s'il se remarie, a des enfants de la seconde femme, se marie avec une troisième et meurt lorsque la (troisième) femme vit encore, celle-ci, ou ses enfants, doivent prendre ce qui n'a pas été consommé de sa dot (2). Alors les enfants du premier lit doivent demander le partage du bo; ils prennent le tiers du bo. Alors les enfants du second lit prennent leurs biens maternels et les rapportent au partage, puis prennent leur tiers (du bo). Soit la femme, soit les enfants du dernier lit rapportent au partage, puis prennent leur tiers (du bo). L'hindradaghsgæf (3) doit être payé par tous (4). Si les biens ne suffisent pas (pour acquitter les re-

(7) *Bryti* = dispensator, procurator alienorum bonorum, villicus. Schlyter, Gl. Vg. Bring, p. 145, note Z : « Bryti (a brytia quod islandice significat dispensare, promere, distribuere, immo et possidere, non a bryta, vertere, fodire) tam villicum (rationibus rustici spræpositum) quam politorem (cui ager dabatur in commune autem quærendis fructibus, Suetice hälftenbrukare) utrumque autem plerumque servum denotat. » Cp. Grimm, p. 319. Le bryti nous paraît être une personne que le propriétaire s'associe pour l'exploitation de son domaine, ou plutôt un colon partiaire. Le propriétaire apporte l'immeuble, le bryti son travail et souvent aussi des objets mobiliers, instruments de culture ou autres. Les produits du domaine sont partagés entre les associés. (Les Excerpta, Lyd. c. 97, placent le bryti à côté du *lanboe* fermier, vraisemblablement à cause de l'analogie de situation). Cette association du propriétaire et du bryti explique la responsabilité du bryti dans les cas prévus. II, Rb. c. XVI et III : 97. Sur le bryti du roi, V. II, Db. c. XVI, note 2.

(8) La mère même exclue de la tutelle, conserve donc un certain pouvoir de surveillance.

V. (1) Cp. II, Ab. c. VII.

(2) *Hemfylgd* = dot donnée à la fille par ses parents tandis que la *hemgæf* est la dot donnée au fils. — Cp. *infrà*, c. VIII : 3, note 1.

(3) Outre sa part dans la communauté, la femme prend son hindradaghsgæf (Cp. I, Gb. c. IV et s.). Selon Stiernhöök, l'hindradaghsgœf est donné : « ob virginitatem; hac enim demum conditione de jure Vestgothico exigi potuit, nisi concubitus promissionem et nuptias antevertisset, qua enim fronte fœmina peteret, cum ejus rei quapropter dari soleat, copiam jam ante gratis fecisset? Honestœ tamen viduœ etiam datum fuit, pari enim jure cum virginibus fruebantur. » — V. II, Gb. c. II; III, 67.

(4) III : 100 : « Si quelqu'un donne à sa femme sa maison d'habitation (*garþ*) à titre d'hindradaghsgæf avec tous les meubles qui s'y trouvent, si le mari meurt, la femme aura la maison avec autant de meubles qu'il y en

prises et les droits des héritiers ainsi que l'hindradaghsgæf), le déficit est supporté par tous proportionnellement.

VI (1). Lorsqu'une femme se marie une seconde fois, puis une troisième fois et laisse à la maison des enfants de son mariage, les enfants du dernier lit prennent comme succession tous les biens meubles et les immeubles acquêts du domaine. — § 1. Si une femme se remarie et n'a pas d'enfant de son dernier mariage, sa succession va à tous les enfants du premier lit.

VII (1). Lorsqu'un propriétaire marie sa fille avec un *mund* et avec la formule solennelle (2), on doit faire la preuve

avait dans la maison lorsqu'elle lui a été donnée ; si depuis on en a introduit davantage, la femme et les héritiers du mari les partageront selon les règles légales. »

VI. (1) Cp. II, Ab. c. VIII, IX.

VII. (1) Cp. II, Ab. c. X.

(2) *Mæþ mund ok mæþ mælæ.* — La loi de Vestrogothie est la seule parmi les lois provinciales qui emploie l'expression mund (Pour le sens de ce mot dans les anciennes lois islandaises, V. notre article sur la Formation du mariage dans l'ancien droit islandais, *Nouvelle Revue historique*, 1885, p. 68 et s.). Le don du fiancé au giptoman, c'est-à-dire à celui qui lui cède sa puissance sur la fiancée, est désigné habituellement dans les anciennes lois suédoises par l'expression *vingæf* (V. *infrà*, Gb. c. II). Dans le c. I Gb. du C. R. le mot mund est pris comme synonyme de vingæf, c'est le mundr islandais. Dans deux autres textes (I. Ab. VII et VIII : 3. Cp. II. Ab. c. X), on rencontre également le mot mund et dans le C. A, Ab. c. VIII : pr. la femme est qualifiée de *mungiptri*. Schlyter donne dans ces textes au mot mund un sens tout différent de celui qu'il a dans le C. R, Gb. c. I et le traduit par dot, *hemföjld hemfylgd*. M. d'Olivecrona (*Om makars giptor.*, p. 150) est d'un avis différent : pour lui le mund n'est autre que le mundr islandais et voici la raison qu'il en donne. C'est que, bien que la constitution d'une dot à la fille par ses parents fût généralement usitée, on ne voit pas cependant dans les lois suédoises que cette libéralité fût une condition essentielle de la validité du mariage, comme la donation faite par le fiancé pour obtenir sa femme. La loi de Vestrogothie ne fait point exception à cet égard. Lors donc que par les expressions « mariée avec un mund » ou mundgipt, on désigne une femme qui est mariée conformément à la loi (*laghiptri*, *swa gift sum lagh sighia* sont des expressions employées, ainsi que le reconnaît Schlyter, comme synonymes de *mundgipt*, *mæþ mund ok mæli*), le rédacteur de la loi n'a pas voulu évidemment faire allusion à une circonstance accidentelle (la dot) et non essentielle dans la formation du mariage.

Selon Nordström (II, p. 29) mund aurait (en suédois comme en islandais) un sens tout différent de mundr et signifierait non point un présent fait par le fiancé, mais une puissance, *potestas*, et serait ainsi la racine du mundium

avec deux tylpts, s'il y a contestation sur le point de savoir si elle a été mariée comme la loi le prescrit, et les enfants ont alors le droit de succéder comme héritiers légitimes.

VIII (1). Si un mari est infidèle à sa femme légitime (2), et va dans la couche d'une autre femme et en a un enfant, c'est un enfant adultérin (3) et il ne succède pas légalement aux biens paternels. — § 1. Le parent du mari poursuivra après sa mort sa femme légitime, (s'il dit) qu'il (le *de cujus*) n'est pas le père d'un enfant. Celui-là doit être considéré comme le père qui chaque nuit couche avec (la mère) et lui est légalement uni (4). — § 2. Lorsqu'une femme a un enfant naturel (5) et un autre enfant légitime, ils recueillent tous les deux sa succession, l'un prenant autant que l'autre. — § 3. Lorsqu'un homme couche avec une femme (6) et en a un enfant, c'est un enfant légitime, s'il (le père) l'épouse ensuite

germanique (Cp. Grimm, p. 447). Les passages en question (Ab. VII et VIII : 3) auraient alors ce sens que la femme est, par son mariage, placée sous le mund de son mari et que celui-ci achetait cette puissance en payant le mundr. — Cette interprétation nous paraît incompatible avec la manière de parler de la loi, *mæþ mund, avec* un mund. Il serait d'ailleurs singulier que la loi de Vestrogothie fût la seule, et dans ces textes seulement, à désigner par le mot mund une puissance qui est presque toujours nommée *varþnaþer* par les autres lois provinciales.

Mæli, c'est, pour Schlyter, les paroles solennelles prononcées par le giptomaþer lors de la tradition de la fiancée au fiancé. Pour M. d'Olivecrona, *mæli* = stipulatio, pactum nuptiale, c'est la convention relative aux droits de la femme dans le bo (dans la communauté). La formule usitée en pareille circonstance est ainsi rapportée dans la loi d'Upland, Ab. c. III : « Marier comme épouse honorable et pour la moitié du lit (que le mari est obligé de partager avec la femme) pour la serrure et pour les clefs (c'est-à-dire que la femme a libre accès dans la maison, ou porte les clefs comme maîtresse de maison) et pour le tiers légal dans tout ce qu'il a de meubles et dans ce qu'il peut acquérir, sauf l'or et les esclaves, et pour tous les droits qui sont établis par la loi d'Upland et qu'a donnés le roi saint Eric au nom du Père, du Fils et du Saint-Esprit. »

VIII. (1) Cp. II, Ab. c. XI et XII.

(2) *Mundgipt,* mariée avec un mund. V. *suprà*, c. VII, n. 2.

(3) *Horbarn.*

(4) C'est l'application de la règle « pater is est quem nuptiæ demonstrant. »

(5) *Slokifrilluson.* La concubine se nomme *slokifrilla.*

(6) IV : 1 : « Si un maître couche avec son esclave et a ainsi un enfant avec elle, c'est un enfant naturel (*frillubarn*) *modþor* et nulle part ailleurs il n'y a d'enfant naturel modþor si ce n'est ici dans cette loi. » Le frillubarn modþor est celui qui, à la différence des autres enfants naturels, ne succède point à sa mère. Schlyter. Gl., p. 130. Cp. IV : 2.

et la reçoit avec les formalités légales. S'il la reçoit ensuite avec un mund et avec la formule solennelle, et en a un enfant, c'est un enfant légitime. S'il répudie sa femme, il ne peut plus, conformément aux lois divines, habiter avec elle. S'il le fait ensuite en secret et en a un enfant, c'est un enfant naturel (qui) recueille les biens maternels mais non les biens paternels (7).

IX (1). Si quelqu'un se rend dans un cloître, il doit partager ses biens avec son héritier. Il prend une part et l'héritier doit prendre l'autre. Autant il y a d'héritiers, en autant de lots on doit partager. S'il se rend (au cloître) avec son lot et meurt au cloître, le cloître est alors son héritier. — § 1. S'il veut sortir (du cloître) avant l'expiration d'une année, il en a le droit. S'il y reste un an et une nuit, il ne peut plus en sortir, ni recueillir la succession de personne (2) et ses parents ne sont plus responsables de ses actions (3).

(7) C'est le laghmann Folke (IV : 14 : 19) qui a enlevé aux enfants naturels le droit de succéder aux biens paternels. A quelle époque vivait ce magistrat? Dans la seconde moitié du XIIIe siècle, dit Robenius (*Dissertat. de antiq. Vestrog. legiferis*); au commencement du XIIIe siècle, estime Nordström. Nous serions plutôt de ce dernier avis, vu la règle posée déjà dans le Codex antiquior. L'enfant naturel succède, d'après notre loi, aux biens maternels. La loi d'Upland, Ab. XXIII, n'accorde jamais à l'enfant naturel plus de trois marks. Notre loi ne faisant pas de restriction, il faut admettre que le droit de succéder aux biens maternels appartient à l'enfant adultérin aussi bien qu'à l'enfant naturel simple. — Quant au droit de succession aux parents de sa mère, la loi de Scanie l'accorde à l'enfant naturel. La loi de Vestrogothie est muette sur ce point; néanmoins Nordström croit que la règle consacrée par la loi de Scanie était admise dans les autres provinces. — Les lois provinciales ne s'occupent point du droit des enfants issus d'un mariage putatif, mais il est probable que l'on devait appliquer les règles du droit canonique qui reconnaissait la légitimité de ces enfants. En ce sens, Nordström, II, p. 199.

IX. (1) Cp. II, Ab. c. XIII.

(2) C'est l'application du principe consacré par les anciennes lois que, pour pouvoir hériter, il faut faire réellement partie de la famille. Cp. I, Ab. c. XII : 2 et la note; II, Ab. c. XVI. Une autre application de ce principe se trouve dans IV : 2 : « Si quelqu'un est banni de la province à la suite du serment (de condamnation) prêté par le næmd, et s'il revient en secret dans la province retrouver sa femme et a d'elle un enfant, cet enfant s'appelle un *rishofþe* (de *ris*, sarmenta et *hæfþa*, possidere, quasi in silva procreatus?) d'après nos lois; cet enfant succède aux biens maternels, mais non aux biens paternels. »

(3) On sort donc de la famille en entrant au cloître. Peut-on également se soustraire à la solidarité familiale par une déclaration solennelle faite au

X (1). (Pour) le jour du décès on ne peut légalement rien donner de la succession à moins que les héritiers eux-mêmes n'y consentent. Les clercs disent ainsi que, conformément aux lois divines, ils ne peuvent pas refuser.

þing? C'est probable, si l'on se réfère aux anciennes lois germaniques. En ce sens, Nordström. Cp. Lex salica. T. LXIII, Si quis de parentilla.

X. (1) Cp. II, Kb. c. LX. L'introduction tardive en Suède du testament pratiqué de si bonne heure chez les Romains s'explique parce que, au-dessus du droit de l'individu, les anciennes lois scandinaves placent celui de la famille (*æt*) qui s'opposait à l'aliénation du patrimoine familial sans le consentement des plus proches héritiers (Cp. II, Kb. c. LIX, n. 2). Aussi, jusqu'au Code de 1734, toutes les règles relatives au droit de tester apparaissent-elles comme des exceptions au droit des parents de succéder sur le fondement des liens du sang (Cp. sur l'analogie des anciennes lois germaniques, Grimm, p. 482). Le testament était cependant déjà connu à l'époque des sagas (V. Egils s. c. 9, citée par Nordström), et on rencontre des exemples de testaments avant le XIIe siècle. Toutefois ce n'est guère que dans le cours de ce siècle et surtout au XIIIe que les actes de disposition à cause de mort devinrent assez fréquents pour que l'on songeât à les réglementer législativement. C'est à l'Eglise, qui cherchait par tous les moyens à augmenter ses richesses, que l'on doit la vulgarisation des testaments. (De même, en Islande, les Gragas ne parlent que des *sálobota* legs pieux, ad expiandam animam. Arf.þ. XI et XVIII). Le c. X (ci-dessus) du Codex antiquior consacre bien encore l'ancienne règle qui exige le consentement de la famille pour toute aliénation testamentaire, mais il témoigne déjà des efforts du clergé catholique pour obtenir la liberté du testament ad pias causas. En 1206, nous voyons le pape Innocent III se plaindre de ce que les laghmanns, dans leur exposé annuel de la loi, maintiennent la règle posée par notre texte. Dipl. nº 131 : « Nobis est auribus intimatum quod cum legislatores regni ejus annis singulis teneantur coram populo legem consuetudinis publicare, asserunt inter ipsas consuetudines observandum quod nemo in extremis aliquid Deo et ecclesiis de bonis temporalibus suis nisi presentibus et consencientibus heredibus potestatem habeat conferendi. » Dans une bulle du 9 août 1274, Grégoire X déclarait juste que celui « qui habet unum filium heredem secundum, si voluerit, faciat sibi Christum, dimidium bonorum suorum ecclesiæ relinquendo. » Parlant de la règle admise par le droit civil, il l'appelle « consuetudo prava, dicendum potius corruptela, » et il se plaint encore que le legs en faveur de l'Eglise, « nullum robur obtinet et firmitatem nisi quatenus de ipsius testatoris heredum processerit voluntate. » C'est seulement dans le Codex recentior (II Kb. c. LX), c'est-à-dire à la fin du XIIIe siècle, que les prétentions de l'Eglise furent consacrées. La loi d'Upland, Kb. c. XIV, admet également la liberté de tester ad pias causas. La loi d'Helsingeland permet au testateur de disposer de tous ses acquêts, Kb. c. XIV. — V. sur le développement historique du testament dans le droit suédois, le savant ouvrage de M. d'Olivecrona, *Testamentsrätten enligt svensk lagstiftning*. — Sur la juridiction de l'Eglise en matière de testament, V. II Kb. c. 59 et note.

XI (1). Si quelqu'un tue (2) une personne (dont) il veut avoir la successsion, il ne peut pas être son héritier. S'il dit qu'il l'a tuée accidentellement, il doit se justifier avec le næmd clos du hæraþ. S'il est absous (par le næmd), il recueille la succession. S'il est condamné, celui-là doit recueillir la succession qui est le plus proche parent du mort.

XII (1). Si quelqu'un quitte la province, prépose un bryti au bo, et dit qu'il doit aller à Rome, le bryti doit administrer le bo, pendant un an. Ensuite les héritiers doivent administrer, et le bryti (ne reste) pas plus longtemps, à moins que les héritiers n'y consentent. — § 1. Si quelqu'un quitte la province où il est né, si sa femme reste en possession du bo, si elle a un enfant sur ses genoux et porte dans son sein un autre (enfant qui) reçoit le baptême, s'il (le mari) tourne les talons et la nuque à son domicile et met le pied hors de la province, ceux-là doivent être ses héritiers qui étaient ses plus proches lorsqu'il a quitté sa demeure, s'il ne revient plus ensuite chez lui. — § 2. Ne peut recueillir aucune succession celui qui demeure dans le pays des Grecs (2).

XI. (1) Cp. II Ab. c. XIV; Add. XI : 13; III : 132 : « Si une femme tue son enfant, qu'il soit baptisé ou non, si elle est prise sur le fait, elle perdra la vie; si elle est accusée de ce crime, elle se justifiera avec le næmd du hæraþ et paiera une amende de 40 marks si elle est condamnée; (l'amende se divisera) en trois parts et sur la part du roi, l'évêque prendra trois marks et la femme perdra son hérédité, » c'est-à-dire sera indigne de succéder à sa victime. Cp. Capitul. a. 829, c. 2. Pertz, p. 353.

(2) La loi d'Ostrogothie (Eþs. c. XXII) porte « que ce soit accidentellement ou volontairement. »

XII. (1) Cp. II Ab. c. XVII, XVIII; III : 136 : « Si des parents au même degré attendent une succession, et si l'un d'eux quitte la province et si celui dont ils ont à hériter vient à mourir, ceux qui sont restés dans la province partageront alors entre eux, et sépareront (pour l'absent) une part égale à celle de chacun d'eux et la remettront entre les mains de celui que les parents désigneront et celui-ci la gardera dans ses mains pendant dix hivers. S'il (l'absent) n'est pas alors revenu ou si l'on n'a pas de lui de nouvelles certaines, les parents les plus proches partageront sa part (entre eux). S'il revient ensuite, chacun d'eux lui restituera autant qu'il a reçu de sa part. »

(2) C'est-à-dire à l'étranger. Celui qui vit à l'étranger, ne remplissant pas ses devoirs envers sa patrie et sa famille, est indigne de succéder. Stiernhöök, p. 196, entend ce passage de celui qui a quitté sa patrie sans esprit de retour.

XIII (1). Si deux personnes sont malades dans la même maison, aucune d'elles n'hérite de l'autre (2); si l'une d'elles survit à l'autre assez longtemps pour recevoir la communion, elle est son héritière. — § 1. Si une personne meurt dans un by et une autre dans un autre by, si toutes les deux (meurent) le même jour, si deux personnes vont à un rendez-vous, et si toutes deux meurent, aucune d'elles n'hérite de l'autre. — § 2. Si deux personnes sont brûlées dans une maison, toutes les deux en même temps, aucune d'elles n'hérite de l'autre. — § 3. Si deux personnes montées sur le même bateau se noient, aucune d'elles n'hérite de l'autre. — § 4. Si deux personnes se séparent, (l'une restant) à la maison, l'autre partant sur un bateau ou dans les bois, si celle qui était à la maison meurt et que l'on trouve morte celle qui avait quitté la maison, et si l'on ne sait pas quel jour (celle-ci) est morte, aucune d'elles n'hérite de l'autre.

XIV (1). Si un Anglais (2) meurt dans la province, en l'absence du parent le plus proche, sa succession doit rester vacante pendant un an. Si (après ce délai) l'héritier ne s'est pas présenté, le roi recueille la succession, ou bien l'évêque s'il s'agit d'un prêtre. — § 1. Si un Allemand meurt (en Vestrogothie) et n'a pas d'enfant, le roi recueille la succession, (ou bien) l'évêque s'il s'agit d'un prêtre. Cela s'appelle *dana arf* (3). — § 2. Lorsqu'une personne meurt et qu'on ne trouve pas ses héritiers, le roi est son héritier.

XIII. (1) Cp. II Ab. c. XVI.

(2) La théorie des *commorientes* a été réglée par presque toutes les lois provinciales. La loi d'Upland, Ab. c. XVII : pr., pose, pour le cas où l'on ignore quel est le survivant, une règle formulée en termes presque identiques à une règle reçue dans notre ancien droit « fæþærni til fæþærnis ok möþærni til möþærnis, paterna paternis, materna maternis. » Cp. Ög. Ab. c. VI; Sm. Ab. c. VI; H. Ab. c. XIII : pr.

XIV. (1) Cp. II Ab. c. XVII, XVIII.

(2) « Ou un Allemand, » ajoute le c. XVII du C. R.

(3) Cette expression peut venir soit de *danir*, danois (quod nomine peregrino nulli notiores Danis essent, Stiernhöök, p. 196), soit de l'islandais *dáinn* = mortuus. Schlyter (Gl. Vg.) remarque à ce propos que l'expression droit d'*aubaine* peut dériver soit des Ecossais, Albani ou Albanici, qui avaient coutume de beaucoup voyager (Cp. Du Fresne, *Gloss. med. et inf. lat.*), soit des Alamans, Alamanni, comme le pense Wachter (*Gloss. Germ.*). Le savant auteur du glossaire vestr. repousse en tous cas la conjecture

XV (1). Il en est ainsi lorsqu'une femme empoisonne son beau-fils (ou sa belle-fille) pour recueillir sa succession : elle se justifiera avec le næmd du hæraþ. Si elle est condamnée, elle perd tout droit à sa paix (2). Si son fils ne veut pas la laisser fuir pour sa paix, il doit payer aux parents (de la victime) l'amende qu'ils veulent, s'ils consentent à l'accepter, sinon celui-là peut la (la femme) saisir qui la rencontre.

XVI (1). Si, depuis que deux époux sont unis, l'un d'eux recueille une succession, l'apporte au bo, si la succession est employée à l'entretien du ménage (2), il n'en est pas dû récompense (à la dissolution du mariage). Celui-là conserve en propre le bétail (3) qui a recueilli la succession; ce qui naît (du bétail) appartient aux deux (époux) (4). — § 1. Pour les chevaux qui vont par bandes dans les bois, tous les poulains qui en naissent appartiennent aux deux (époux). — § 2. Si quelqu'un recueille un bo (5) à titre de succession, et si un bryti (homme ou femme) ne peut l'administrer, les deux époux doivent avoir les fruits (6). Aussi lorsqu'un homme demande en mariage une femme qui a une succession à attendre, et que le père marie à un homme sa fille qui a une succession à attendre, comme ils le veulent les deux (conjoints) ont les fruits (7).

de Ibre, d'après laquelle le mot « dana » serait une contraction du mot *aubaine*.

XV. (1) Cp. II Ab. c. XIX.

(2) Le C. R. ajoute : « On lui donne une paix d'un jour et d'une nuit pour se rendre dans les bois. » Cp. *suprà*, Md. c. V, note 3.

XVI. (1) Cp. II Ab. c. XX, XXI.

(2) *Læx til brytstokss*, littér. est mise dans la caisse où est conservé l'argent destiné aux besoins du ménage.

(3) Le C. R., c. XX ajoute : « Et les fruits non perçus. »

(4) Le C. R., c. XX ajoute : « Aucun d'eux ne doit nourrir le veau de l'autre. »

(5) *Bo* = bona (generatim mobilia et immobilia), prædium ubi aliquis habitat, una cum bonis mobilibus quæ ibi sunt. Schlyter. Gb. Vg.

(6) C'est-à-dire que les fruits sont communs.

(7) Il en résulte *a contrario* que l'immeuble héréditaire reste propre au conjoint qui le recueille. — Le régime matrimonial est dominé par le même principe qui préside au règlement des successions, des donations et des ventes, à savoir que les immeubles venant d'une famille doivent rester dans cette famille pour qui ils sont un des plus puissants éléments de richesse et d'influence. Les immeubles reçus par succession, « *arfvejord* » restent

XVII (1). Si un bryti administre le bo d'une personne, il dépend du propriétaire du bo de lui donner ou non un salaire. Si le bryti entre dans le bo et en sort (2), il n'obtient pas plus que le serment (du propriétaire avec) une tylpt qu'il (le bryti) a emporté du bo tout ce qui lui appartenait (3). — § 1. Si le propriétaire dit qu'il (le bryti) a caché et détourné le bien des deux parties (4), il (doit) prouver avec le serment d'une tylpt qu'il a tout remis. On ne peut pas l'appeler voleur pour les choses qui lui ont été confiées.

XVIII (1). Lorsqu'un propriétaire meurt, que sa femme lui survit, qu'elle demeurait sur les biens du mari, que (celui-ci) meurt avant le jour du déménagement, la femme doit aller sur son bien et elle a droit à la moitié de son domaine vis-à-vis du fermier. Il (le fermier) a droit à rester en possession (de la moitié) du bien loué un an, mais pas plus longtemps (2). La femme prend un tiers du bo (3) et trois marks (4) sur le lot du mari. Les bois de charpente et les instruments de meu-

donc propres à chacun des conjoints. Cela résulte d'abord *à contrario* du texte ci-dessus, ainsi que de Jb. c. IV : pr. La loi d'Upland décide de même Ab. III : 1, que, en cas de succession en partie mobilière, en partie immobilière, les meubles tombent en communauté, tandis que les immeubles restent propres. — Mais les fruits des propres tombent en communauté (V. note 5, *suprà*). — Cp. II Add. XI : 5, qui déclare propre l'immeuble acquis en échange d'un propre et qui assimile aux immeubles l'oþolvatn et l'oþolvatnværk. — Sur le partage de la communauté, V. *infrà*, Gb. c. IX : 2 et notes.

XVII. (1) Cp. II Ab. c. XXII.

(2) C'est-à-dire sort et emporte plus qu'il n'a apporté dans le bo.

(3) C'est-à-dire que, en cas de contestation, la difficulté est tranchée par le serment du propriétaire confirmé par une tylpt.

(4) C'est-à-dire, s'il prétend que le bryti, en emportant ce qui lui appartient, a pris en même temps les biens du propriétaire.

XVIII. (1) Cp. II Ab. c. XXV et XXVI.

(2) La femme bailleur a droit à la moitié du bien loué immédiatement et à l'autre moitié un an plus tard. — Le contrat de bail est, en principe, irrévocable. Ici cependant le droit de révocation accordé au bailleur, avec un certain ménagement, se justifie par ce fait que l'époux survivant, qui demeurait dans le bo du prédécédé, se trouve, par son décès, privé du bo et qu'il faut lui en trouver un autre où il puisse vivre. La règle posée au texte doit s'appliquer au mari comme à la femme. — Cp. *infrà*, c. XXIV, note. — Loccenius traduit erronément le pr. du c. XVIII.

(3) V. *infrà*, Gb. IX : 2, note 6, sur le partage de la communauté.

(4) Pour son hindradaghsgæf.

nerie, tout cela doit ensuite être partagé comme le bo. — § 1. Les deux (conjoints) doivent payer les dettes et recouvrer les créances proportionnellement à leur part dans le bo (5), peu importe que les dettes aient été contractées avant ou après (le mariage), sauf l'amende pour meurtre (6). — § 2. Quant aux amendes pour blessures ou pour coups, les donations immobilières et le vingæf (7), les deux (conjoints) ont à les payer ou à les recevoir.

XIX (1). Si un frère voyage pour ses affaires de commerce et si l'autre (frère) reste au foyer (domestique) (2), ils ont autant l'un que l'autre de la succession (du père).

XX (1). Lorsqu'un objet déposé (2) est volé et que le bien du propriétaire (dépositaire est volé) (3) en même temps, (le dépositaire) ne doit point d'indemnité pour cela. Il doit prouver avec le serment d'une tylpt que son bien a été volé en même temps.

XXI (1). Lorsqu'un père a constitué une dot à son fils, et meurt, (le fils) doit rapporter (sa dot) dans le partage (des biens paternels faits) avec celui (le fils) qui n'est pas marié. On doit faire sur le bo une part égale à celui qui est resté à la maison et à celui qui s'est marié. Ainsi les filles doivent partager comme les fils lorsqu'elles héritent. Si l'enfant marié a vendu des biens, on doit les imputer sur son lot lors du

(5) Cela ne veut point dire que, pendant le mariage, il y ait lieu de partager entre les époux soit les dettes à payer, soit les créances à recouvrer, car le mari représente la femme pendant la durée de la communauté; il est seul poursuivi et seul il intente l'action en justice; mais, à la dissolution de la communauté, chacun des époux paie une part proportionnelle des dettes communes et prend la même part dans les créances de la communauté.

(6) L'amende pour meurtre reste personnelle.

(7) *Vingæf* (don à un ami), est un cadeau fait au sponsor par le fiancé, cadeau promis lors des fiançailles et payé lors de la noce. V. *infrà,* Gb. c. II.

XIX. (1) Cp. II Ab. c. XXVII.

(2) Sans travailler. L'établissement de cette règle ainsi que de celle qui est posée au C. R. c. XXVII montre qu'originairement on ne devait reconnaître de droit héréditaire qu'au fils qui, par son travail, contribuait à l'augmentation du patrimoine familial.

XX. (1) Cp. II Ab. c. XXIX.

(2) *Inlaght fæ.*

(3) « Pillé ou incendié », ajoute le C. R.

XXI. (1) Cp. II Ab. c. XXX.

partage (2). — § 1. Si un fils marié meurt hors de la maison (paternelle) et n'a pas d'enfant et est séparé de son père et de sa mère quant à son bo, le père doit recueillir la succession et non la mère (3). Le père doit donner un immeuble en dot. La mère ne peut donner d'immeuble au préjudice des héritiers légitimes. — § 2. Lorsque le fils meurt et laisse un enfant après soi et qu'il lui a été donné à titre de dot un immeuble sur le domaine, l'enfant y a droit mais non à plus. S'il n'y a qu'un domaine, l'enfant n'a pas le droit de le conserver. S'il y a deux maisons d'habitation et un échalier entre elles, cela fait deux domaines. S'il prétend avoir reçu un seul champ ou un seul pré, il n'y a droit que du consentement de celui qu'il dit (devoir) le donner à titre de dot (4). — § 3. On doit partager les dettes comme le bo (5). C'est au þing que l'on doit recevoir et restituer les *haldsörar* (6).

XXII (1). Si quelqu'un veut racheter un esclave de la ser-

(2) Cp. Code civil, art. 860.

(3) Le C. R. porte : « Le père doit recueillir les immeubles et tous les deux (le père et la mère) les meubles. »

(4) Loccenius traduit ainsi ce passage : « Si moriatur filius et habeat liberos post se relictos atque in ejus domicilium ab parentibus donata sit terra, hoc probabunt liberi nec plura. Si nonnisi unum sit domicilium, non opus ad hoc probatione est (explic. : potestas in fraudem coheredum vindicandi denegator). Si duo cubicula et fundi domicilium intermedia sint, sunt duo prædia. Si quis provocat ad separatum et peculiarem agrum et separatum pratum, non opus est probatione nisi cupiat ille qui donata esse dicit (Explic. : Separatum agrum aut pratum appellans, nisi manifesta sit donatoris voluntas, ne quis decerpito). »

(5) III : 73 contient une application du principe de la division des dettes entre les héritiers proportionnellement à leur part héréditaire : « Lorsqu'une femme a des enfants de plusieurs lits, les enfants d'un lit prennent autant que ceux de l'autre lit, les plus âgés autant que les plus jeunes et on partage par tête et les immeubles et les meubles et tous paient les dettes ensemble, les hommes pour une part d'homme et les femmes (pour une part de femme). »

(6) Les *haldsörar* sont le dépôt dont le dépositaire garantit absolument la restitution, sine ulla exceptione; Schlyter, Gl. Vg. Stiernhöök, Ihre et Loccenius se sont complètement mépris sur l'étymologie et le sens de ce mot. — Notre texte rattache les haldsörar à la matière des successions parce qu'il suppose probablement que, le déposant venant à mourir, le dépositaire veut restituer la chose qui lui a été confiée. C'est bien ce que laisse entendre le C. R. Il ajoute : « Et celui qui l'a entre les mains (peut le remettre à qui il veut), à un parent ou à un non parent. »

XXII. (1) Cp. II Ab. c. XXXI.

vitude, il doit fixer un siunætting chez celui qui a l'esclave entre les mains, lui offrir deux öres d'or ou deux marks pesés et faire affirmer par les témoins au siunætting que l'esclave est son parent à un degré tel qu'il a le droit de le racheter conformément à la loi, et faire sa preuve avec le serment d'une tylpt. Puis il (le maître) ne peut plus s'opposer (2) à l'affranchissement, à moins qu'il ne dise que l'esclave est son fils. S'il le retient après le sægnarþing, il paiera une amende de neuf marks.

XXIII (1). Si un affranchi a un enfant légitime ou un enfant (naturel) légitimé au þing, il recueille sa succession et non point celui qui l'a affranchi. S'il (l'affranchi) a un fils ou une fille, un frère ou une sœur, celui qui l'a affranchi ne lui succède pas. A défaut de toutes ces personnes, celui qui l'a affranchi lui succède.

XXIV (1). Si le fermier meurt avant le jour du déménagement, deux parts de son bien sont libres (du contrat de bail) (2). Si sa femme meurt, un tiers de son bien est libre. S'il a été semé du seigle sur la ferme, celui qui est propriétaire de la ferme doit restituer à l'héritier autant de muids (de grain) qu'il en a été semé. — § 1. Si le propriétaire meurt, le fermier a le droit de rester en jouissance jusqu'à l'expiration de son bail, ou bien l'héritier doit lui restituer ses arrhes (3).

XXV (1). Lorsqu'un affranchi meurt et que son maître dit que l'affranchi était marié avec deux parts (dans la communauté), il doit donner à la femme du *de cujus* un mark pour

(2) Par son serment.

XXIII. (1) Cp. II Ab. c. XXXII.

XXIV. (1) Cp. II Ab. c. XXXIII et XXXIV.

(2) Le droit au bail ne passe donc pas aux héritiers du fermier. — Secus dans la loi d'Upland, Jb., XIII : pr., et dans la loi d'Ostrogothie, Bb. IX : 4.

(3) Les arrhes ont été données probablement lors de la formation du contrat, mais elles ne sont acquises au bailleur que s'il laisse le fermier en jouissance pendant toute la durée convenue. Le droit de rompre le bail n'appartient au bailleur que dans l'hypothèse prévue au c. XVIII, *suprà;* mais l'héritier du bailleur peut rompre le bail sous la condition indiquée au texte. Les autres lois provinciales reconnaissent au propriétaire le droit de dénoncer le bail, mais sous certaines conditions. V. Amira, p. 610 et s.

XXV. (1) Cp. II Ab. c. XXXV.

son hindradaghsgæf, s'il peut prouver qu'il était marié avec deux parts (dans la communauté).

LIVRE VIII.

Du MARIAGE (*Giptar bolker*) *.

I (1). Lorsque le roi veut demander en mariage une femme qui est hors du royaume, il doit envoyer ses ministres (2) pour conclure l'affaire et recevoir les fiançailles (au nom de leur maître). Puis le roi doit faire chercher solennellement sa fiancée (3). Puis le roi doit aller au devant et donner (4) douze marks d'or ou engager deux domaines.

II (1). Si le fils d'un propriétaire veut demander (2) une

* Le mariage, dans l'ancien droit suédois, ne se présente ni au fond, ni même dans la forme comme une vente de la fiancée au fiancé (*Contrà*, Nordström, II, p. 12). On ne retrouve pas dans les lois provinciales les expressions norvégiennes ou islandaises, *Kaup*, *Kaupa*, *Kono mundi*, *Kona mundi*, *Keypt*, qui pourraient laisser croire à une assimilation du mariage à la vente (Cp. notre étude précitée, *Nouv. Rev. hist.*, 1885. M. d'Olivecrona, dans sa remarquable étude sur l'histoire de la communauté, p. 138, combat absolument cette assimilation, car pour lui *Köpa* signifie non point seulement acheter, mais encore dans un sens beaucoup plus large, conclure un contrat, *uxorem sibi pascici*). La terminologie des anciennes lois suédoises est, au contraire, empruntée aux donations. Ainsi marier une femme, c'est *giva konu* (I, Ab. c. VII, c. XVI : 2, etc.); les fiançailles se nomment *gift* (I, Gb. c. IX : 1, 2, etc.) Cp. sur cette terminologie, Amira, p. 534.

Le mariage est d'ailleurs resté, longtemps après l'introduction du christianisme en Suède, un contrat purement civil. V. sur la publication des bans et la bénédiction nuptiale II, Kb. c. LXVIII et notes.

I. (1) Cp. II, Gb. c. I.

(2) Il semble que ce soit un privilège réservé au roi de conclure des fiançailles par mandataire.

(3) *Brudfærþ gen geræ*. Brudfærþ, c'est la *deductio* solennelle, *cum comitatu*, de la fiancée dans la demeure du fiancé. V. *infrà*, c. II, n. 2.

(4) « Comme mund, » dit le C. R. V. *suprà*, Ab. VII, n. 2.

II. (1) Cp. II, Gb. c. 2; Kb. c. LII; IV : 21 : 22.

(2) *Sær bydiæ*, demander pour soi, prier pour soi. Cette manière de parler fait allusion aux anciennes violences, au rapt de la fiancée : « Nihil olim gloriosius fuit quam bello et raptu, more latronum, maritari, quare qui hosti aut inimico sponsam, uxorem aut filiam ereptam sibi copulasset egregium et

femme en mariage (3), il doit aller trouver le plus proche

viro dignum patrasse facinus visus est. Vis postea fuit repressa. » Stienhöök, *loc. cit.*, p. 152. La loi d'Upland est beaucoup plus formelle à cet égard, Ab. I : pr. : « On doit demander (biþiæ, prier) la femme et non la prendre avec violence. » Toutefois, cette même loi accorde au fiancé une sorte de droit réel sur sa fiancée, car si le giptomaþer refuse de faire tradition de la fiancée, le fiancé peut l'enlever avec violence, et alors, dit le c. II, *ibid.* : « Hete konæ laghtakin ok æi rantakin, » la fiancée est dite *legitime capta et non vi rapta.* — Cp. Söderm. Ab. II : pr. Westmann., Ab. II : pr. Helsing. Ab. II : pr. — Cp. la note suivante.

(3) La conclusion du mariage passe dans l'ancien droit scandinave par deux phases bien distinctes, les fiançailles et la noce (Cp. notre étude précitée sur l'ancien droit islandais). La *fæstning* (desponsatio, de *faster* firmus) est la convention préalable entre le fiancé et le giptomaþer (celui qui a la puissance sur la femme). Le consentement de la fiancée est-il en outre nécessaire? Le Codex recentior, Kb. c. LII l'exige; mais peut-être ce texte prouve-t-il qu'originairement la femme n'intervenait point au contrat (En ce sens, Nordström. Cp. notre étude précitée). Certaines lois provinciales exigent la présence au contrat de fiançailles d'un certain nombre de témoins, comme cela se pratique dans l'ancien droit suédois pour les contrats les plus importants. La loi d'Upland (Ab. I : 1), notamment, requiert huit témoins (*fastar,* firmatores), quatre du côté de la femme, quatre du côté du fiancé. La loi de Vestrogothie ne parle pas de la présence des témoins, mais il est probable qu'elle devait être conforme sur ce point aux autres lois provinciales. La seule formalité dont elle fasse mention est la poignée de main (*handum saman takit*) en signe de la conclusion du contrat. Les Svenska folkvisor (anciens chants nationaux suédois, II, 18, 24, 167, 188, etc.) disent que le fiancé prenait sa fiancée sur ses genoux en échangeant avec elle un anneau d'or. Cet usage devait être pratiqué en Vestrogothie (V. Grimm, p. 433). Dans la convention des fiançailles on fixe le *vingæf* et le *tilgevær* (V. *infrà,* notes 6 et 7).

Quel est l'effet des fiançailles? Nous avons signalé (note 2, *suprà*) les dispositions des lois suédoises proprement dites qui permettent au fiancé de s'emparer lui-même de force de la fiancée que lui refuse le giptomaþer. Ces lois sont celles qui se rapprochent le plus des coutumes primitives. La loi d'Ostrogothie révèle une civilisation plus avancée. Aux termes du c. VIII, Gb. de cette loi, le fiancé doit offrir au giptomaþer le premier banquet légal (V. *infrà*); si le giptomaþer refuse alors la fiancée, il encourt une amende de quarante marks et doit payer en outre au fiancé des dommages-intérêts. Si après le second et le troisième banquets, le giptomaþer persiste dans son refus, le fiancé doit se rendre au þing et y obtenir un jugement du roi ou du laghmann. Le hæraþsböfþingi doit alors se rendre à la maison du giptomaþer et remettre au fiancé sa fiancée entre les mains. La loi d'Ostrogothie accorde donc encore au fiancé un droit réel sur sa fiancée en autorisant ainsi l'exécution sur la personne par l'intermédiaire de l'autorité. La loi de Vestrogothie permet-elle aussi cette exécution sur la personne? On peut fortement en douter, car le c. IX *infrà*, comme le chapitre correspondant du

parent (de la femme) et commencer sa prière (4). Il doit fixer un rendez-vous chez lui. Il (5) doit indiquer les biens (qui seront donnés), nommer les immeubles s'il y en a et tout ce qu'il veut donner. Le vingæf légal doit être de trois marks. Lorsque les fiançailles sont accomplies et qu'on s'est pris la main, tous les cadeaux de fiançailles (*tilgevær*) (6) sont acquis,

C. R. qui prévoient le refus de la fiancée, infligent seulement au giptomaþer une amende de trois fois neuf marks et encore l'amende n'est-elle encourue qu'après le troisième banquet. Le rédacteur, qui règle aussi tout au long la question des empêchements légitimes, ne dit pas un mot de l'exécution sur la personne. On ne peut, croyons-nous, voir dans ce silence un simple oubli. Ce silence est d'autant plus significatif que d'autres lois provinciales (Westmannalag, Gotlandslag et loi de Visby) refusent au fiancé un droit réel sur la fiancée. — V. Amira, p. 140.

Quant au fiancé, le lien des fiançailles n'est certainement pas obligatoire pour lui. Il doit cependant, bien que notre loi ne le dise pas expressément, encourir une responsabilité pécuniaire, lorsqu'il refuse de procéder à la noce sans pouvoir prouver l'existence d'un empêchement légal (Gb. c. IX : 5). La loi d'Upland (Ab. I : 3) prononce dans ce cas la perte pour le fiancé des cadeaux qu'il a faits au giptomaþer. Il doit en être ainsi dans notre loi pour le tilgæf (V. *infrà*, n. 6), si ce mot doit être traduit, selon Schlyter, par *arrha sponsalitia*. La rupture illégitime des fiançailles entraîne enfin une amende au profit de l'évêque (I, Gb. I : 1 ; II, Kb. c. LII). — V. *infrà*, c. IX, pour les formalités de la noce.

(4) C'est-à-dire faire sa demande.

(5) Amira, p. 296, n. 3, entend par là la promesse et la désignation de la dot par le giftomaþer. Il fonde son opinion sur la comparaison de notre texte avec la loi d'Ostrogothie, Gb. I, conçue en termes presque identiques à la loi de Vestrogothie et où il s'agit expressément de la désignation de l'*omynd*, dot. Quant à M. d'Olivecrona, p. 145, il ne dit point formellement, comme l'écrit Amira, que notre texte vise la promesse du mund par le fiancé. Il s'exprime ainsi : « Le fiancé faisait sa prière (demande) et indiquait les biens qu'il voulait donner pour obtenir sa fiancée. Le giptomaþer de la fiancée répondait pour elle à la demande et ordinairement indiquait aussitôt la dot de la fiancée. »

(6) Schlyter, Gl. Vg. traduit tilgæf par arrha sponsalitia. (Dans d'autres textes, I, Ab. c. XXIV : 1 ; II, Ab. c. XXXIV, tilgæf signifie arrha conductitia). Dans son glossaire général, p. 643, il traduit au contraire tilgæf par don du fiancé aux parents de la fiancée (autres que le giptomaþer). Il se fonde, pour donner ce sens, sur la comparaison de notre texte avec la loi d'Ostrogothie, Gb. X : 2, portant : « Le vingæf est acquis aux parents lorsque les fiançailles sont conclues, mais le giptomaþer n'a droit au sien que lorsque les deux époux sont entrés dans un même lit et sous un même drap. » On doit, dit-il, conclure certainement de l'analogie de rédaction des deux lois gothes que le vingæf ostrogoth des parents n'est autre que le tilgæf

mais le vingevær ne l'est (7) que lorsque les deux (époux) sont entrés dans un même lit et sous un même drap (8). — § 4. Pour la rupture des fiançailles, l'évêque a droit à une amende de trois marks.

III (1). S'il est fait violence à la fiancée de quelqu'un, le plus proche parent (de la fiancée) a droit à une amende de neuf marks, aussi le fiancé, aussi le roi et aussi le hæraþ. (Le coupable ne peut) jamais vivre avec elle en mariage. On peut le faire condamner à la proscription. Il n'obtient pas la paix avant que le demandeur n'y consente.

IV (1). Si un affranchi épouse une ingénue, le vingæf est de un mark et l'hindradaghsgæf de un mark. Leurs enfants doivent être ingénus (2). — § 1. Toutes les fois qu'il y a hindradaghsgæf, on partage par tiers (3) leurs biens (des époux). S'il n'a pas été donné d'hindradaghsgæf, la femme doit prendre un tiers (des biens communs) et trois marks. — § 2. Si un affranchi épouse une esclave née à la maison, s'il n'est pas donné de vingæf ou d'hindradaghsgæf, les droits de la femme sont fixés à moitié (des biens communs) (4). — § 3. Si

vestrogoth. — Amira, p. 319, estime au contraire que le tilgæf est acquis au giptomaþer. — Lehmann, *Verlobung und Hochzeit nach den nordgermanischen Rechten*, p. 68, entend par tilgæf les présents de peu d'importance faits par le fiancé, soit à la fiancée (*forneghæ fæ* de notre loi, III : 67), soit aux parents de celle-ci. Deux diplômes suédois nomment ces présents arrhæ (Dipl. I, 123 et I, 825).

(7) Le vingæf a un caractère rémunératoire de la tradition de la fiancée; c'est pour cela que, d'après le C. R., Gb. c. II, il doit être payé au même moment qu'indique notre texte. — Pour Gide, *loc. cit.*, p. 225, le vingæf n'est, pas plus que le mundr, le prix de la fiancée, mais un dédommagement pour le tuteur de la responsabilité qui avait pesé sur lui durant la tutelle.

(8) Cp. Grimm, p. 440.

III. (1) Cp. II, Gb. c. II. — V. pour le stuprum, le viol et le rapt de la fiancée, Wilda, p. 849 et s.

IV. (1) Cp. II, Gb. c. III.

(2) Sont ingénus les enfants nés de deux parents ingénus ou d'un seul ingénu. « L'enfant va du côté le meilleur, *gangi barn a bætri halw*, » comme le dit la loi d'Upland (Ab. XIX. Cp. Decret. Greg., lib. I, t. 18, c. 8) : « Natus ex patre servo et ex libera matre liber est. » V. Grimm, p. 324.

(3) *Þriþiungs skipti*, de telle sorte que le mari prenne les deux tiers et la femme un tiers.

(4) Le maître de l'esclave est dédommagé de l'absence de vingæf par l'augmentation des droits de la femme dans la communauté et partant de son pécule.

un esclave veut épouser une esclave, il donnera deux öres au propriétaire de la femme. Celui qui vit avec une esclave n'a aucune part dans les enfants (5).

V (1). Si quelqu'un accuse un homme d'avoir couché avec sa femme, il doit prêter serment avec une tylpt, ou payer une amende de six öres. — § 1. Lorsqu'une femme a commis un adultère et que son mari l'en accuse, elle doit se justifier avec sept næmdemæn. Si elle est acquittée, (le mari) lui paiera une amende de trois marks. L'amende tombe dans la communauté à charge de récompense et la femme (2) prélève l'amende, que le mariage soit dissous par la mort ou par le divorce. Si elle n'est pas acquittée, elle perd tout droit dans le bo et sa part dans le bo (3) (et s'en va) dans ses vêtements de tous les jours (4).

VI (1). Si quelqu'un se fiance à une veuve (2) et l'emmène chez lui et couche avec elle et en a un enfant, personne ne peut lui intenter d'action (3). Si l'enfant est né depuis le banquet, c'est un enfant légitime. La veuve est dite *fingin-fæst* (4). — § 1. Si quelqu'un se fiance à une fille, et couche secrètement avec elle, il doit payer une amende de six marks au père de la fille. — § 2. Si quelqu'un couche avec une femme (5) et se fiance ensuite avec elle, s'il promet un vingæf, (cette promesse) tient lieu de l'amende du stuprum. — § 3. Celui qui couche avec une esclave affranchie paiera une amende de douze öres; (celui qui couche) avec une esclave

(5) C'est-à-dire n'a aucun droit sur les enfants qui naissent hors mariage de son commerce avec l'esclave d'autrui, car ces enfants appartiennent au maître de la mère esclave.

V. (1) Cp. II, Gb. c. IV, VI.

(2) « Ou ses héritiers, » ajoute le C. R., c. VI.

(3) Cp. II, Gb. c. XVII; III : 56, *in f.*

(4) Cp. Wilda, p. 823 et s., sur les conséquences de l'adultère pour la femme dans l'ancien droit germanique.

VI. (1) Cp. II, Gb. c. VII-XI; Add. XII.

(2) La veuve n'est pas en tutelle, mais elle ne peut aliéner ses immeubles propres sans le consentement de ses proches.

(3) Le C. R., c. VII, ajoute : « même s'il a fracturé une maison pour arriver à elle. »

(4) Cette expression résume la situation décrite au texte.

(5) Le C. R., c. IX, ajoute : « non mariée. »

six öres, avec une ingénue six marks. Celui qui a un enfant avec une esclave doit la soigner jusqu'à ce qu'elle puisse tirer le moulin et traire la vache. Si elle meurt de ses couches, il paiera une amende de trois marks. — § 4. Pour le stuprum avec une femme non mariée, on doit se justifier avec le serment d'une tylpt, soit ingénu, soit affranchi (6).

VII (1). Si on allègue une parenté entre deux époux, on doit la calculer au þing et obtenir de l'évêque la permission de jurer avec deux tylpts : « Que Dieu me soit propice et à mes cojureurs, que notre parenté est au degré que j'ai dit maintenant, qu'ainsi je ne puis pas demeurer avec elle (la femme) conformément aux lois divines. » Si le mari s'accuse lui-même et dit que sa femme est sa parente à un tel degré qu'il ne peut demeurer avec elle conformément aux lois divines, il doit faire sa preuve avec deux tylpts (2); s'il échoue dans sa preuve, il doit demeurer avec elle.

VIII (1). Si un père couche avec sa fille, il doit quitter le pays et se rendre à Rome. Si le père et le fils possèdent la même femme, si deux frères possèdent la même femme, s deux cousins-germains du côté paternel possèdent la même femme, si deux cousins-germains du côté maternel possèdent la même femme, si la mère et la fille couchent avec le même homme, si deux sœurs couchent avec le même homme, si deux cousines-germaines du côté paternel ou du côté maternel couchent avec le même homme, c'est un *firnarværk* (2). — § 1. Si une mère tue son fils, si un fils tue son père, ou un père son fils (3), ou un frère son frère, ou un cousin-

(6) Pour l'amende du stuprum, V. les règles détaillées posées dans II, Add. c. XII.

VII. (1) Cp. II, Gb. c. XIV.

(2) Le C. R. ajoute : « S'il fait sa preuve, il doit être séparé d'avec sa femme. »

VIII. (1) Cp. II, Kb. c. LII; Om. c. III; Gb. c. XV; III : 132; IV : 21 : 18, 17, 4, 20.

(2) *Firnarværk* (Isl. *firn* = prodigium, res insolens); cette expression s'applique à l'inceste, à la sodomie et à d'autres crimes atroces. V. Schlyter, Gl. Vg. Stiernhöök (p. 329) fait dériver ce mot de *för* = nimis, *när* = prope et *verk* = scelus.

(3) L'exposition des enfants était originairement pratiquée en Scandinavie comme dans d'autres contrées de l'Europe (V. Grimm, p. 456; Cp. Lex Visigoth. IV : 4, *De infantibus expositis*). L'Église s'efforça de faire abolir cette cou-

germain paternel son cousin-germain du même côté, ou un cousin-germain maternel son cousin-germain du même côté (4) ou (si l'on tue) son grand-père paternel, ou son grand-père maternel, ou le fils de son fils, ou le fils de sa fille, ou le fils de son frère, ou le fils de sa sœur, dans toutes ces causes (le coupable) doit quitter le pays et aller à Rome trouver le pape avec une lettre; il doit recevoir une lettre du pape et revenir trouver l'évêque (de Vestrogothie) et lui faire voir de quelle miséricorde il a été l'objet. L'évêque doit lui remettre la lettre pour sa dîme (5). — § 2. Pour tous les firnarværks l'évêque a trois marks. Ceux qui commettent un *skriptabrut* (6) paient à l'évêque trois marks.

tume barbare. A la fin du XIIe siècle, l'exposition était considérée comme un meurtre (Cp. Gotlandsl. I : 2). Alexandre III, dans une lettre de 1165 (Dipl., p. 83), s'élève contre les nombreux infanticides commis sur les enfants naturels et impose aux coupables l'obligation de venir chercher à Rome le pardon. (Cp. notre loi.) Le père finit par ne plus avoir sur ses enfants qu'un simple droit de correction.

Le père eut aussi à l'origine le droit de vendre ses enfants (Cp. Grimm, p. 461, et capitulaire de Charles le Chauve de 864, Bal. II, 192). La loi d'Ostrogothie défend (Ab. XXV) de vendre les enfants, ce qui prouve précisément l'existence primitive de la coutume. (La loi d'Upland, Kpb. III, défend d'une manière générale à un chrétien de vendre un chrétien.)

Les enfants sont sous la dépendance du père tant qu'ils vivent chez lui. Ils ne peuvent, selon Nordström, II, p. 48, disposer sans son consentement de leur personne, ni figurer dans un contrat quelconque (Arg. an. Ög. Bb. XII). Peut-être le père leur donnait-il, lorsqu'ils étaient arrivés à un certain âge, une partie de son patrimoine avec faculté d'en disposer librement.

Par corrélation des droits qu'il a sur la personne de ses enfants, le père est soumis à une grande responsabilité. Il répond au point de vue civil et au point de vue pénal des conséquences des infractions commises par ses enfants, même majeurs, s'ils ne sont pas émancipés. Nordström, *loc. cit.*, p. 75. Toutefois, si un enfant commet un eþsöre (V. II, Add. VII), il est personnellement responsable des suites de ce crime, III : 83.

(4) Le C. XV du C. R. ajoute : « ou si l'on tue son oncle paternel ou son oncle maternel. » — Sur l'inceste dans l'ancien droit germanique, v. Wilda, p. 835 et s.

(5) Il résulte de ce § que le meurtre commis dans l'intérieur de la famille, quoique qualifié de niþingsværk (II, Om. c. II : pr.) n'entraînait pas de peine séculière à l'époque de la rédaction du Codex antiquior, ce qui prouve, dit Nordström (II, p. 45) l'indépendance primitive de la famille vis-à-vis de l'Etat.

(6) Le crime de *skriptabrut* consiste dans l'inaccomplissement de la peine ecclésiastique imposée au coupable, ou dans la récidive d'un crime pour lequel on a subi une peine ecclésiastique. Schlyter, Gl. Vg.

IX (1). Le dimanche au soir qui suit la Saint-Martin a lieu le *mungatstiþir* (2) légal. — § 1. Si un propriétaire tient (chez lui) la fiancée de quelqu'un, (le fiancé) doit envoyer les *bruþmæn* (3) le jour du mungatstiþir; deux (d'entre eux) doivent aller à la maison (de la fiancée) demander la paix. Chacun d'eux doit donner à l'autre la sécurité pour entrer dans la maison et en sortir (4). On doit alors estimer les vêtements (5) (de la fiancée) et ensuite procéder au règlement des

IX. (1) Cp. II, Gb. c. XV *infrà*, XVI.

Les formalités du mariage proprement dit (ou de la noce) sont les suivantes, dans l'ordre où elles s'accomplissent :

1° Le fiancé se rend à la maison de la fiancée avec les bruþmæn. Le fiancé et le giftomaþer doivent convenir d'un jour (A l'époque primitive, on choisissait habituellement un jeudi (Svenska Folkvisor, I, p. 10). S'ils ne peuvent s'entendre à ce sujet, le jour est fixé par la loi (§ 1, *infrà*).

2° Banquet, *giftaröl* = trauungsbier (en allemand) dans la maison de la fiancée (Cp. I Md. c. XIII : 1).

3° *Giftarmal* ou *giftarorþ*. Le giftomaþer doit alors *skilia firi gift* (§ 2 *infrà*). V. pour la formule, I Ab. c. VII, note 2 *in f.* — Dans certaines lois provinciales, la femme veuve procède elle-même à cette formalité (V. Amira, p. 538).

4° Tradition de la fiancée au fiancé. Les svenska Folkvisor, II, p. 21, 24, 188, donnent quelques détails à ce sujet; on y voit notamment que le fiancé saisit la fiancée dans ses bras.

5° Deductio solennelle de la fiancée in domum mariti, *bruþfærþ*. La fiancée est accompagnée par les bruþmæn. Tant que la fiancée n'est point arrivée à la maison du fiancé, elle fait encore partie de la famille du giptomaþer. La loi d'Upland (Arf. II : 1) notamment en tire cette conséquence, que si « la fiancée meurt sur le chemin, on doit rapporter son corps et sa dot au by (paternel). »

6° Banquet de la noce, *bryllöpsöl* dans la maison du mari. Cp. I Md. c. XIII : 1.

7° Les deux époux entrent publiquement dans le même lit.

(2) Le *mungats-tiþir* est une réunion de tous les habitants de la paroisse à une époque fixe (la Saint-Martin, 11 novembre). On y observait certains rites solennels accompagnés de libations. C'est ce jour-là qu'a lieu la tradition de la fiancée si les deux parties ne peuvent s'entendre à ce sujet.

(3) *Bruþmæn* littér. hommes de la fiancée, délégués par le fiancé. La loi d'Upland, Ab. II, adjoint aux bruþmæn une *bruþframma*.

(4) C'est-à-dire, que les bruþmæn doivent demander pour eux et pour le fiancé le libre accès de la maison et le giptomaþer doit le leur promettre. Le fiancé devait probablement n'arriver qu'après les bruþmæn.

(5) C'est-à-dire la dot consistant en vêtements, ou la dot d'une manière générale.

droits des époux. — § 2. Le (giptomaþer) doit ainsi procéder au règlement des droits des époux (6) : lorsque les deux époux sont entrés dans le même lit et sous le même drap (7), la femme a droit à un tiers dans le bo (8) et à trois marks comme hindradaghsgæf sur sa part (au mari). — § 3. S'il (le giftomaþer) lui (au fiancé) refuse sa fiancée aux trois banquets légaux (9), il doit payer une amende de neuf marks au demandeur, et autant au roi et autant au hæraþ. — § 4. Ainsi le propriétaire (giftomaþer) doit légalement aux trois banquets légaux offrir la fiancée comme elle est demandée. — § 5. C'est un empêchement légal de l'homme et de la femme lorsqu'ils sont malades ou que les vêtements de la fiancée sont brûlés. C'est un empêchement pour les deux parties lorsqu'un vol ou une rapine (10) est commis relativement (à ces vêtements) (11). Si (le demandeur) indique un þing, il doit faire prouver l'empêchement au þing par deux personnes. S'il (le défendeur) ne veut pas s'en contenter (le demandeur) doit à l'endaghi (faire sa preuve) avec le serment d'une tylpt et deux témoins (ju-

(6) *Firi gipt skiliæ*. Cp. *suprà*, I Ab. c. VII, note 2 *in f.*

(7) La loi d'Ostrogothie qui, seule, parmi les lois provinciales, prescrit la bénédiction nuptiale comme une condition du mariage, ne fait néanmoins commencer qu'après la cohabitation les effets juridiques du mariage. Ög. Gb. VI et VII. — Ancien cout. de Normandie, ch. 101, al. 6 : « Au coucher ensemble gaigne femme son douaire. »

(8) La loi d'Upland Ab. c. III (citée en note *suprà*, I Ab. c. VII, note 2 *in f.*) rapporte que le roi Éric aurait rendu, dans la seconde moitié du XIIe siècle, une loi sur les droits respectifs des époux dans la communauté. Il semble à M. d'Olivecrona (*l. c.*, p. 200) que ce texte ne peut signifier que ceci, à savoir, que ce roi aurait sanctionné l'usage généralement adopté que, en l'absence d'autres conventions avant le mariage, la femme aurait droit à un tiers des meubles et des acquêts ; il paraît en effet peu vraisemblable que le roi Éric ait introduit des règles nouvelles sur ce point. Il peut se faire d'ailleurs que les rédacteurs de la loi d'Upland aient simplement voulu donner plus d'autorité à l'usage en question en le plaçant sous l'autorité d'un roi qui jouissait d'un grand prestige.

(9) C'est-à-dire, après que le fiancé a inutilement préparé trois fois le banquet qui accompagne la noce. — Cp. *suprà*, c. II, note 3, sur l'effet des fiançailles.

(10) *Þiufnæþær ællær bosran*. Bosran = rerum domesticarum deprædatio, rapina domestica, Schlyter, Gl. Vg.

(11) Le lien des fiançailles est donc bien léger pour qu'il puisse être rompu par des événements aussi insignifiants.

rant) : « Que Dieu me soit propice et à mes cojureurs que j'ai eu un empêchement légal et que pour cela je ne puis pas l'épouser. » — § 6. S'il veut défendre en justice contre lui, il doit prêter serment avec deux tylpts : « Que Dieu me soit propice et à mes cojureurs que leur parenté ou leur alliance est à un degré tel qu'ils ne peuvent pas demeurer ensemble, conformément aux lois divines. » — § 7. S'il (le défendeur) nie, disant qu'il ne s'est pas fiancé, il doit prêter serment avec deux tylpts : « Que Dieu lui soit propice et à ses cojureurs qu'il ne s'est pas fiancé à elle, conformément à la loi dans cette province. »

LIVRE IX.

DU DAMNUM INJURIA DATUM (*Retlösæ* bolker*).

I (1). Les Suédois (2) ont le droit d'élire le roi et de le déposer (3). Il (le roi) doit, avec des otages, venir du Nord en Ostrogothie. Il doit envoyer des hommes ici (4) au þing de

* *Retlösæ*, litt. sans droit.

I. (1) Cp. II, Rb., c. I. Les trois premiers chapitres de ce livre n'ont nullement trait à la matière visée par la rubrique. C'est par suite d'une erreur évidente qu'ils ont été compris dans ce livre. Stiernhjelm, dans son édition de la loi de Vestrogothie, place les deux premiers chapitres sous la rubrique *Konongs b.* = livre du roi, et le troisième sous la rubrique *Thingmala b.* = livre de la procédure.

(2) *Sveær* = Sueones, Sueciæ septentrionalis incolæ; Suédois proprement dits.

(3) « La royauté est élective. Elle n'est devenue héréditaire qu'au XVIIe siècle. Dans chaque province, l'assemblée générale, ou landsþing, nomme douze députés qui se rendent avec le laghmann au grand þing national de Mora, en Upland. Là se fait l'élection. Le roi élu prête serment de protéger l'Église, de rendre la justice, d'observer les lois... L'assemblée reçoit le serment du roi et prête, à son tour, serment de fidélité par la bouche du laghmann d'Upland. Le roi fait ensuite sa tournée d'inauguration dans les onze provinces, où le serment est renouvelé dans les onze assemblées locales. » Dareste, *loc. cit.* Cette tournée se nomme *eriksgata*. Cette expression viendrait, suivant les uns, de ce que le roi Éric l'aurait le premier accomplie. Selon d'autres, elle dérivait des mots *e* = *all*, tout, *rik* = royaume, *gatan* = route, iter per universum regnum. Après cette tournée, le roi est sacré à Upsal par l'archevêque.

(4) Pour annoncer son élection et sa visite.

tous les Goths (Vestrogoths). Le laghmann doit alors constituer des otages (5), deux du sud de la province et deux du nord de la province, puis il doit les envoyer tous les quatre pour se joindre à ceux qui doivent se réunir sur le Junæbæker (6). Les otages d'Ostrogothie doivent se rendre là et témoigner qu'il (le roi) a fait son entrée solennelle en Ostrogothie conformément à la loi de cette province. Alors tous les Goths (de Vestrogothie) doivent (se rendre) au devant du roi (et) constituer un þing. Lorsqu'il arrive au þing, il doit jurer qu'il sera fidèle à tous les Goths (Vestrogoths) et qu'il ne violera pas les lois de notre province. Alors le laghmann doit le premier le déclarer roi et ensuite les autres qu'il prie (de le faire). — § 1. Le roi doit alors donner la paix à trois personnes qui n'ont pas commis de niþingsværk.

II (1). Si l'on doit élire un évêque, le roi doit demander à toutes les provinces qui elles veulent avoir (2). Il (l'évêque) doit être fils de propriétaire. Le roi doit alors lui remettre en main la crosse et un anneau d'or. Puis il doit le conduire à l'église et le mettre dans le siège épiscopal. Il (l'évêque) a alors plein pouvoir, sauf la consécration (épiscopale).

III (1). Le laghmann doit être fils de propriétaire. Tous les propriétaires doivent le nommer avec la miséricorde de Dieu (2). — § 1. Le roi doit constituer le næmd devant soi (3)

(5) Envoyés au roi pour lui promettre sécurité.

(6) Rivière qui se jette dans le lac Wettern, près de Jönköping.

II. (1) Cp. II, Rb. c. II.

(2) L'évêque était donc originairement nommé par le peuple et investi par le roi. Mais peu à peu s'introduisit la théorie romaine, que le pape avait le droit, *de plenitudine potestatis*, suivant l'expression d'Innocent III, de disposer de toutes les dignités ecclésiastiques. A l'assemblée de Skening, tenue en 1243 par le légat du pape, il fut décidé que le roi ni le peuple ne participeraient plus au choix des évêques, mais que ceux-ci seraient nommés *per electionem canonicam* par le chapitre, avec approbation par le roi et consécration par le pape. Confirmation par deux bulles des 7 et 8 décembre 1250 (Nordström, I, p. 23). L'élection des prêtres subsista.

III. (1) Cp. II, Rb. c. III.

(2) La Landslag, Þg. c. 39, entre dans des détails nombreux sur l'élection du laghmann; mais à l'époque de la rédaction de cette loi, le caractère de cette élection avait déjà dû se modifier.

(3) Dans quels cas s'exerce la juridiction du roi? Le texte ne le dit pas. Le C. R. renferme des règles plus précises sur la juridiction royale. II, Kb. c. LXX; Forn., c. XXXIX; Add. VII : 18, 19, etc.

et le laghmann doit tenir le þing. — § 2. Le þing que tient le laghmann s'appelle toujours þing de tous les Goths (Vestrogoths). C'est là qu'on doit recevoir un affranchi dans sa famille et publier les compositions (4).

IV (1). Si quelqu'un prend les biens d'une personne qui n'a pas été condamnée par jugement, c'est une affaire de trois fois neuf marks. Le demandeur a droit à neuf marks et à une indemnité pour son bien (déterminée) avec son serment. Le roi a neuf marks et le hæraþ a neuf marks. — § 1. Si quelqu'un pénètre avec violence dans la maison d'une personne qui n'est pas poursuivie en justice, c'est (une affaire de) trois fois neuf marks. Le demandeur a droit à neuf marks (2), le roi à autant et le hæraþ à autant.

V (1). Si quelqu'un appelle une personne *bykkiuhuælp* (2), quel que soit celui (que tu as appelé ainsi), s'il dit que c'est toi qui l'as dit, « aussi j'en appelle à des témoins (3) (*skyrskutæ*)

(4) Dans les anciennes lois suédoises (comme d'ailleurs dans toutes les lois barbares), on voit très souvent les actes juridiques se passer publiquement, au grand jour de l'assemblée judiciaire. Cette publicité n'est point cependant toujours requise pour la validité de l'acte (Cp. II, Add. c. XI : 5). Les cas où elle constitue une condition essentielle de l'acte sont les suivants, d'après la loi de Vestrogothie : 1° La composition (I, Rb. c. III : 2; II, Rb. c. III). Il est probable qu'il ne s'agit, dans ces textes, que de la composition pour meurtre (Cp. II, Db. c. XXVI). — 2° L'affranchissement (I, Rb. c. III : 2; II, Rb. c. III). — 3° La constitution d'un morghongæf immobilier (V. II, Gb. c. II et notes). La publicité du þing est-elle requise pour la validité des autres donations immobilières? Notre loi est muette sur ce poiut (V. I, Jb. c. II et notes). — 4° La constitution d'un droit d'usage sur l'almenning par le hæraþ ou la province (III : 144). — 5° La constitution d'un mandataire dans certains cas (III : 68). — C'est seulement dans les cas prévus, I, Rb. c. III : 2; II, Rb. c. III : 2 et III : 144, que la publicité requise est celle du þing de la province; dans les autres hypothèses, il s'agit du þing du hæraþ.

IV. (1) Cp. II, Rb. c. IV, V.

(2) « Et une indemnité pour le dommage (qu'il a subi) » ajoute le C. R. c. V.

V. (1) Cp. II, Rb. c. VI-IX.

(2) *Catulus canis*, injure grossière.

(3) Après sa déclaration, l'injurié prend des témoins de l'injure.

Dans les causes criminelles qui n'étaient pas soumises au *næmd*, la preuve testimoniale à fournir par le demandeur est complexe. Elle comprend : 1° le serment du demandeur; 2° la déclaration des témoins (*asynær vitni* ou *skirskuta vitni;* V. par ex. I, Md. c. I, III; Bard. c. I; Rb. c. V, VIII, IX; II, Þb. c. XXIV; Fb. c. IV; Rb. c. XVII, XX, XXIII); 3° la confirmation de cette décla-

que tu m'as dit un mot injurieux : » c'est une affaire de seize öres au profit de chaque partie (4). Il (l'injurié) doit lui indiquer un þing et apporter à l'endaghi le témoignage constatant qu'il a pris des témoins de l'injure et faire sa preuve avec le serment d'une tylpt « que Dieu me soit propice et à mes cojureurs que tu m'as dit un mot injurieux et que tu es véritablement coupable de ce dont je t'accuse. » C'est ainsi qu'on doit poursuivre les injures (5) et le firnarorþ. — § 1. Si quelqu'un appelle affranchi celui qui est ingénu ou dit : « j'ai vu que tu courais seul devant une seule personne et que tu étais poursuivi par une personne armée (6), » c'est une injure et une affaire de trois fois seize örtughs. — § 2. « J'ai vu que quelqu'un avait avec toi des rapports contre nature ; » quel que soit celui (que tu as appelé ainsi) s'il dit que c'est toi qui l'as dit, « aussi j'en appelle à des témoins que tu m'as dit un mot injurieux et un firnarorþ : » c'est une affaire de seize örtughs pour

ration par une ou deux tylpts de cojureurs au nombre desquels sont comptés les témoins eux-mêmes qui viennent de déposer; II, Add. c. XIII. — D'autre fois, la preuve ne consiste que dans la simple déclaration des témoins. Uppström, p. 44, estime que c'est le premier mode qui devait être employé dans les cas où la loi s'explique sommairement ou manque de clarté.

L'existence de certaines circonstances aggravantes (flagrant délit, par ex.) est quelquefois exigée, outre la déclaration des témoins, pour que le défendeur soit condamné. — Mais l'existence de ces circonstances suffit à elle seule, dans certains cas, pour entraîner la condamnation (V. I, Þb. c. III, V : 1 ; Md. c. VIII ; Rb. c. XI). — Lorsque le demandeur ne peut produire de témoins, ou que les circonstances prévues par la loi n'existent pas, le défendeur peut se justifier par le serment négatoire, serment que, suivant les cas, il prête soit seul, soit en le faisant corroborer par des cojureurs ou des témoins; V. I, Rb. c. VIII, XI; Þb. c. VI : 1 ; II, Þb. c. I, XI; Rb. c. XXIII, XXVI. — Il semble que, dans les accusations d'injure, le défendeur n'ait pas même eu besoin de prêter le serment négatoire, lorsque le demandeur ne réussissait pas dans sa preuve testimoniale. En ce sens, Uppström, p. 45.

(4) A savoir, le demandeur, le roi et le hæraþ.

(5) *Oquæþinsorþ*. — Le firnarorþ est défini par Schlyter. Gl. Vg. : « Convicium quo horrendæ actionis (firnarværk) aliquis insimulatur. » — Toute injure n'est pas réprimée par la loi, mais seulement celle qui peut porter atteinte à la considération morale ou politique de l'injurié. Nordström, II, p. 295. Sur les injures, cp. Grimm, p. 643 et s.

(6) L'accusation de lâcheté est une des plus graves; cp. Tacite, Germ. 6 : « Scutum reliquisse præcipuum flagitium, nec aut sacris adesse, aut concilium inire ignominioso fas. » Cp. Lex Sal., t. XXXIII, *De conviciis*.

chaque partie. — § 3. « J'ai vu que tu te rendais coupable de bestialité avec une vache ou avec un jument. » C'est un firnarorþ et une affaire de trois fois seize örtughs. Si l'on intente cette action contre lui (le défendeur), il ne peut pas faire la preuve négatoire. — § 4. « J'ai vu que tu possédais ta mère, » c'est un firnarorþ et une affaire de trois fois seize örtughs, et (le défendeur) ne peut pas faire la preuve négatoire. — § 5. Ceci est une injure pour une femme : « j'ai vu que tu chevauchais sur le *qviggrind* (7), les cheveux en désordre (8) et comme une sorcière à l'heure du crépuscule. » Si l'on dit qu'une femme peut empoisonner une femme ou une vache, c'est une injure. Appeler une femme adultère, c'est une injure. Dire qu'une femme a connu son père *ou qu'elle s'est fait avorter* (9) ou qu'elle a tué son enfant, c'est un firnarorþ. — § 6. Dans toutes ces causes où il y a un péché commis, on doit d'abord le dire à son prêtre et ne pas se répandre en invectives ni se mettre en colère, sinon on encourt une amende de trois marks, c'est-à-dire de deux.

VI (1). Si quelqu'un dépouille une personne avec violence (2), il doit se justifier avec une tylpt et deux témoins. Deux des cojureurs, après avoir donné leur témoignage, doivent rentrer dans la tylpt. S'il échoue dans sa preuve, il paiera une amende de trois fois seize örtughs.

VII (1). Si quelqu'un réclame une dette (au débiteur), il

(7) *Qviggrind* = porta clathrata sæpti, quo noctu includuntur pecora. Schlyter, Gl. Vg.

(8) « Et la ceinture dénouée, » ajoute le c. IX du C. R.

(9) Les mots en italiques n'existent pas dans le c. IX du C. R.

VI. (1) Cp. II, Rb. c. XII.

(2) Le C. R. ajoute « et s'il (la victime) n'est ni livide, ni sanglant et s'il n'y a pas de véritables témoins oculaires. » — Le crime de rapine, *ran*, diffère du vol en ce qu'il suppose violence contre la personne. Il n'a pas le même caractère déshonorant que le vol (Cp. Grimm, p. 634), aussi peut-il toujours être expié par une composition, sauf lorsqu'il est commis par un brigand de profession. Le ran commis dans une église n'est même puni que d'amende. III : 93.

VII. (1) Cp. II, Rb. c. XVI. Le sens du pr. de notre chapitre est éclairé par le C. R. V. la note 2 du C. R. c. XVI.

L'ancien droit suédois ne connut point pendant longtemps l'exécution sur les biens du débiteur, dans le sens moderne du mot. Pour contraindre le

doit convoquer les voisins pour qu'ils soient présents et entendent qu'il réclame sa dette. Il peut ensuite, s'il le veut, prendre de son autorité privée un gage sur les biens du

débiteur récalcitrant, le créancier n'avait que deux moyens à sa disposition, la prise de gage, *nam*, et la proscription.

Le c. VII, Rb. du C. A. accorde au créancier le choix entre *næma* (prendre le gage) et *sökia* (poursuivre), afin de faire condamner à l'amende pour retard, *þryter*. La prise de gage est plus expéditive et ne comporte aucun des délais de la poursuite judiciaire. Il suffit que le créancier réclame ce qui lui est dû en présence des voisins; si le débiteur ne paie pas immédiatement ou ne prête pas serment qu'il ne doit rien, la prise de gage immédiate est possible. Dans l'intervalle des deux rédactions de notre loi, le *nam* fut aboli et le C. R. ne l'admet plus que dans l'hypothèse prévue Ub. c. VI. — Sur la prise de gage, dans certains cas particuliers, cp. I, Fs. c. II : 2; II, Fb. c. V, XLIV. — I, Fs. c. II : 2; VI : 4; II, Fb. c. V, XXIX, XXX, XXXV.

Le second mode de contrainte indirecte était la proscription. Mais celle-ci ne pouvant être prononcée que pour non-paiement d'une amende proprement dite due en raison d'un délit, le créancier devait préalablement recourir à la procédure indiquée I, Rb. c. VII, et II, Rb. c. XVI, à la suite de laquelle le débiteur était condamné pour son retard, þryter, à une amende de *trois fois* seize örtughs. Le débiteur se trouvait alors dans la même situation que s'il avait, dès l'origine, commis une infraction contre la paix publique (Dans certains cas exceptionnels, le débiteur peut être en demeure et encourir l'amende sans sommation préalable. V. I, Br. § 1; II, Kb. c. XXXVI, XXXVII. II, Fb. c. LI; II, Fb. c. XXXII; III : 92. II, Fb. c. XLVI). Le débiteur a alors jusqu'au prochain landsþing pour acquitter sa dette; s'il ne le fait point, le laghmann le condamne à la proscription « entre le Götaelv et le bois de Tiveden jusqu'à ce qu'il fasse droit. » II, Add. c. XII : 1. Pour les pouvoirs du hæraþshöfþingi, à cet égard, cp. III : 80.

Le *Codex antiquior* connaît cependant l'exécution proprement dite sur les biens du débiteur dans une hypothèse prévue Md. c. III : 4, lorsqu'il s'agit du recouvrement des amendes encourues pour la violation de la paix publique (*Hælgis bot*, cp. II, Drb. c. VIII). L'exécution a lieu alors avec le þing, *mæþ þingi*. Que faut-il entendre par là? Amira, p. 114, estime que l'on réunit l'assemblée judiciaire près de la demeure du débiteur afin de procéder à la saisie. Schlyter, dans les textes qui se réfèrent à l'exécution, à la saisie, traduit þing par « conventus hominum mulctam vel tributa non ultro soluta exigendi caussa, publica auctoritate convocatorum. » Nous serions plutôt de l'avis de Schlyter, car il nous paraît difficile d'admettre que, pour une affaire purement privée, on mît en mouvement l'assemblée toute entière. Peu importe que le C. R. II, Fb. c. XL, parle de la convocation de ce þing d'exécution par le hæraþshöfþingi. Ce magistrat désignait les citoyens qui devaient assister à l'exécution : voilà tout ce que signifie ce texte. Le *Codex recentior* a étendu l'exécution mæþ þingi dans d'autres hypothèses. Fb. c. XL; Add. c. V : 1. — L'exécution est-elle restée exceptionnelle dans le droit vestrogoth, autorisée seulement, comme l'enseigne Amira, dans les *Bussachen*, c'est-à-dire pour le recouvrement des

débiteur (*næmæ*) (2). S'il a une créance à recouvrer, il doit le (le débiteur) poursuivre (*sökiæ*) conformément à la loi, et il (le débiteur) prête en outre serment en cas de contestation sur le point de savoir s'il (le débiteur) n'a pas à lui payer plus. Si celui-ci (le débiteur) nie et dit qu'il n'a pas de dette à lui payer, il doit jurer avec douze cojureurs qu'il n'a point de dette à payer ou de don à faire (3). S'il fait défaut (4), il paiera une amende de trois fois seize örtughs (5) et, en outre, sa dette. — § 1. On doit dégager le gage (*nam*) (6) avec la dette et avec le serment d'une tylpt (7).

amendes encourues pour violation de la paix publique, ou bien s'est-elle étendue à tous les cas où le débiteur aurait été condamné judiciairement à payer? Cela dépend de l'interprétation qu'on donne au § 80 des *Excerpta Lydekini*.

(2) Une exception au principe posé au texte se trouve dans le C. A. Md. c. III : 4. — Le choix du créancier montre que, quand il prend un gage, l'obligation réelle se substitue à l'obligation personnelle du débiteur. En ce sens, Amira, p. 239. — Le créancier n'a le droit de *næma* que si le débiteur ne conteste pas la dette.

(3) *Gæf at löna*. Cette manière de parler s'explique, d'après Schlyter (Gl. Vg.), par ce fait que, lorsqu'une vente ou un échange de biens-meubles avaient lieu sans témoins et sans *vin* (intermédiaire, V. *infrà*, Þb. c. XIX et notes), la convention se passait sous l'apparence d'une donation réciproque, dans laquelle chaque partie était censée rémunérer (*löna*) la donation de l'autre. — Amira entend ce passage tout autrement (p. 506). Il part de cette idée que le donataire peut être tenu de certaines obligations (reconnaissance tout au moins, charges dans quelques cas), et il traduit : « behauptet eidlich, weder auf grund eines Creditgeschäfts, noch auf Grund unerwiderter Gabe zur Rückgabe verpflichtet zu sein. »

(4) *Bær han þryt viþ*, = contumaciter agit (Schlyter, Gl. Vg.), Aufenthalt entgegenbringt (Amira, p. 409).

(5) L'amende de trois fois seize örtughs frappe le débiteur qui n'établit point, dans la forme prévue par la loi, l'inexistence de la dette ou qui ne paie point sa dette à l'échéance.

(6) Le même mot *nam* se retrouve dans l'ancien coutumier de Normandie, art. 63-68. — Le *nam* est ici le gage saisi par le créancier dans l'hypothèse du pr.

(7) C'est-à-dire que : 1° le créancier est en possession du gage, non point pour le garder définitivement, mais seulement jusqu'au paiement de la dette ; 2° lorsque, au moment du paiement, il y a contestation entre les parties sur le montant de la dette, la question est tranchée par le serment de douze cojureurs comme en cas de rachat du væþ (Cp. I, Jb. c. VI : pr.). — Quel est le délai dont jouit le débiteur pour racheter le *nam?* Probablement le même que pour le rachat du væþ (*l. c.*). — Pour la responsabilité du créancier quant à la restitution du *nam*, V. I, Fb. VI : pr. et § 1 ; II, Ub, c. XIII.

VIII (1). Si quelqu'un tue le cheval, le bœuf ou la vache d'une personne et commet un *fæarföling* (2), il (le demandeur) doit fixer un siunætting chez lui et produire contre lui des témoins oculaires (disant) « que Dieu me soit propice, que j'ai vu que tu tuais son animal et que tu lui faisais un fæarföling. » Puis il (le demandeur) doit jurer devant la tylpt « que Dieu me soit propice et à mes cojureurs que tu m'as fait un fæarföling et que tu as tué mon bétail et que tu es véritablement coupable de ce dont je t'accuse. » Puis il (le défendeur) doit réparer le dommage en prêtant serment et en outre (payer une amende de) trois fois seize örtughs. S'il n'y a pas de témoins oculaires, il peut se défendre avec douze cojureurs. Si l'animal tué vaut deux öres ou plus de deux öres, il y a fæarföling plein. S'il vaut moins de deux öres, (le coupable) doit payer comme indemnité le double de la valeur de la bête. — § 1. Lorsqu'un cheval, un bœuf ou une vache appartenant à un by est tué sur le territoire d'un autre by, que l'on ne sait pas qui l'a tué, on doit fixer un siunætting chez l'un d'eux (des habitants du second by) et s'y rendre devant tous (3), et produire au siunætting les témoins (déclarant) qu'il y a eu dommage causé au bétail par la main de l'homme sur le territoire de ce by, et que (les habitants de ce by) ont à le réparer conformément à la loi.

IX (1). Lorsqu'un animal en tue un autre et que le berger en rend témoignage, (le propriétaire de l'animal qui a tué l'autre) paiera toute la valeur (de la bête tuée) en prêtant serment. S'il (le propriétaire de la bête tuée) prend la bête tuée ou bien profite de sa chair et de son cuir, il doit en recevoir

VIII. (1) Cp. II, Rb. c. XVII, XVIII.

(2) *Fæarföling* = occultatio pecoris; ita appellatur ejus delictum qui, alieno armento occiso, sive occisum corpus occultat, sive factum armento infitiatur. » Schlyter, Gl. Vg. — Le § 9 *suprà*, Om. vise une hypothèse analogue mais plus grave. Selon Wilda, p. 930, ce texte se référait à la destruction d'un troupeau tout entier, tandis que le c. VIII, Rb. s'appliquerait à celle de quelques bêtes isolées, que probablement le coupable trouverait sur son terrain.

(3) C'est-à-dire que la poursuite exercée contre un des habitants du by comprend tous les habitants de ce by. Cp. *inf.* Jb. c. XVI, n. 4. — V. pour cette responsabilité collective, I, Md. c. XIV, note 4.

IX. (1) Cp. II, Rb. c. XX-XXIV.

la moitié (de la valeur) du propriétaire de l'animal qui a tué (l'autre) (2). Dans cette cause, le témoignage du berger fait pleine foi, peu importe qu'il (le berger) soit un homme libre ou un esclave (3). Si l'indemnité lui est refusée (au demandeur), il doit fixer un siunætting et produire des témoins oculaires. Il doit alors avoir ses témoins prêts et réclamer l'amende. S'il (le défendeur) refuse de lui répondre et de lui payer l'amende, il doit constater (le refus) devant témoins (*skyrskutæ*), (et jurer) (4) « que Dieu me soit propice, que ta bête a tué la mienne *devant des témoins oculaires* (5) et que, pour cela, je t'ai actionné. » S'il (le demandeur) n'a pas exercé sa poursuite (6) avec les témoins légaux, alors celui qui est actionné peut se justifier avec douze cojureurs (en jurant) « que Dieu me soit propice et à mes cojureurs, que ma bête n'a pas tué la tienne et que je ne suis pas réellement débiteur de ce que tu me réclames. » — § 1. Lorsqu'un animal tombe dans un ouvrage fait de main d'homme, dans un puits, dans un réservoir ou dans un autre ouvrage semblable et en est tué, (le propriétaire de l'ouvrage) doit payer une amende de six öres pour un cheval, d'un demi-mark pour un bœuf et d'autant pour une vache ou une jument. On doit poursuivre et défendre à l'action comme dans le cas où un animal en tue un autre. — § 2. Lorsqu'un animal saute (en venant du dehors) sur un échalier sans que personne le poursuive et se tue, personne n'est responsable. S'il saute hors de l'échalier, c'est le propriétaire de l'échalier qui est responsable. Si quelqu'un chasse l'animal hors de l'échalier, si l'animal se tue et s'il y a des témoins oculaires, celui qui chassait l'animal doit

(2) « Il en est de même si un chien mord des bestiaux, » ajoute le c. XX du C. R.

(3) C'est un cas exceptionnel où le témoignage d'une seule personne suffit pour faire preuve.

(4) « Contre lui avec une tylpt et avec les témoins oculaires, » ajoute le c. XX du C. R.

(5) Les mots en italiques n'existent pas dans le c. XX du C. R.

(6) *Far han eigh sokn fræmt. Sokn*, c'est la poursuite (*Suche, Besuch*) : V. Amira, p. 80. *Sokn* signifie aussi paroisse. Loccenius a, en conséquence, mais faussement, traduit ainsi ce passage : « Si ex paræcia non possit producere legitimos testes, » et il donne alors l'explication suivante : « Sin autem intentionem suam judicio proposito idoneis testibus probare nequeat. »

payer comme il est dit pour le cas où un animal se tue dans un réservoir. On doit poursuivre et défendre à l'action de la même manière (que dans ce cas). — § 3. Si quelqu'un mutile un cheval ou (enlève) les crins de la queue, ou lui crève un œil, il paiera un öre ou se justifiera avec le serment d'une tylpt.

X (1). Tout objet prêté doit être restitué en bon état à celui qui l'a prêté (2), sans aucune contradiction.

XI (1). Si un esclave ou une esclave s'échappent de chez leur maître et causent quelque dommage, commettent un meurtre, un vol ou une rapine, le maître ne doit pas réparer le dommage, à moins qu'il n'ait recouvré son esclave. S'il le recouvre, il paiera l'amende pour le délit de l'esclave comme le dit la loi, s'il y a des témoins oculaires, ou si l'objet volé est pris dans les mains (du coupable). S'il n'en est pas ainsi, il pourra faire la preuve négatoire, conformément à la loi. — § 1. Lorsqu'une personne prête son esclave à une autre, celui qui a emprunté (l'esclave) est responsable de ses actes tant qu'il est sous sa garde.

XII (1). Celui qui loue à un propriétaire un cheval, un bœuf ou une vache, répond de sa négligence, c'est-à-dire du vol, (d'accident causé par) l'eau, par le collier, par la vase ou par d'autres causes semblables (2). — § 1. Lorsqu'un animal

X. (1) Cp. II, Rb. c. XV.

(2) IV : 8 contient une application de ce principe : « Si l'on emprunte une *bastova* (Schlyter, Gl. Vg., traduit par *balneum*, et Gl. par *badstuga*, étuve, touraille) ou une *kölna* (Gl. Vg. = ædicula ubi maceratur et torretur hordeum, cerevisiæ coquendæ destinatum), et si elles brûlent, on doit réparer le dommage avec son serment et, en outre, payer trois fois seize örtughs et non davantage, parce que le dommage serait plus considérable. Si le feu est éteint devant un fermier, il paiera (la valeur de) la première maison et non davantage, sans amende. Pour la *boolozla* (V. pour ce mot, II, Forn. c. XXXVIII), il réparera le dommage et paiera, en outre, trois fois seize örtughs. » Que le commodataire soit traité plus rigoureusement que le fermier, cela se comprend aisément. Si celui-là doit payer une amende, c'est parce qu'il est présumé l'auteur de l'incendie.

XI. (1) Cp. II, Rb. c. XXVI, XXVII. Ce c. renferme deux applications de la règle que la responsabilité du délit pèse en principe sur l'esclave. Cp. I, Smb. c. VI : 1 ; II, Þb. c. XXI. V. Amira, p. 393.

XII. (1) Cp. II, Rb. c. XXVIII; I, Fb. c. VI.

(2) Le locataire paie les impôts ordinaires (*lagha utskyller*), notamment le

périt par suite d'un cas de force majeure, c'est-à-dire par le fait d'un ours ou par suite de tranchées, aucune responsabilité n'est encourue. On doit répondre du fait du loup comme de sa négligence, à moins qu'on ne rapporte les débris (3) (de la bête égorgée), c'est-à-dire (qu'on paie) six öres pour un cheval, un demi-mark pour un bœuf (4) et une jument. Si on rapporte les débris, on ne paie rien pour le loup.

XIII (1). Si quelqu'un donne à une personne son bétail à garder (2), le bétail ne doit pas être perdu par celui qui l'a reçu ni par suite d'un vol, ni par suite d'une rapine (3); à moins qu'il n'ait été volé en même temps que le propriétaire dont il a reçu le bétail ou d'autres objets, il doit réparer le dommage (4). (Le défendeur) proposera ce qu'il veut et (prouvera) avec le serment d'une tylpt qu'il n'a pas eu plus de bétail du demandeur à garder qu'il ne l'a proposé maintenant.

LIVRE X.

Des immeubles (*Jordþær bolkær*).

I (1). Il y a cinq modes d'acquisition des immeubles. Le premier est la succession. Le second est la constitution de

gengærþ et l'almenningsöre; le bailleur supporte les impôts extraordinaires (*alægna pæningha*). Cp. V : 1.

III : 115 : « Si quelqu'un loue un navire, il en sera responsable comme de toute autre chose louée. Si quelqu'un relâche l'auteur d'un larcin, il ne paiera pour cela aucune amende. »

(3) III : 151 : « Si on loue le bétail de quelqu'un et si un animal se tue en tombant (dans l'eau, par ex.), on paiera la moitié de sa valeur, à moins que l'on ne restitue la chair et le cuir. » On considère le dommage comme dû pour moitié à la négligence du locataire et pour une autre moitié au hasard (*casus*).

(4) « Ou une vache, » ajoute le C. R. c. XXVIII.

XIII. (1) Cp. II, Rb. c. XXIX.

(2) *Til gætslu*. Celui qui répond de la *gætsla* n'encourt aucune responsabilité, d'après Amira, p. 456, alors même qu'il aurait pu prévenir le dommage par une plus grande diligence. Il est assimilé à celui qui doit *custodiam minus plenam*.

(3) Sur la rapine, cp. Wilda, p. 907 et s.

(4) Le C. R. c. XXIX ajoute : « S'il n'a pas été volé en même temps. »

I. (1) Cp. II, Jb. c. I.

dot au fils (*hemgæf*) (2). Le troisième est la constitution de dot à la fille (*hemfylgd*). Le quatrième est la vente. Le cinquième est la *skötning* (3).

II (1). L'acheteur doit prendre deux personnes (indiquées) par celui qui vend l'immeuble pour garantir la tradition solennelle (*umfærd*) et il (le vendeur) doit prendre deux personnes (indiquées par l'acheteur) pour garantir le prix (2).

(2) La dot du fils correspond-elle à sa part héréditaire, comme dans la loi d'Ostrogothie, ou dépend-elle de la générosité du père de famille, comme dans loi d'Upland? Notre loi est muette sur ce point.

(3) Donation immobilière, solennelle et symbolique. *Scotatio, scotare*, dans les diplômes. V. Dipl. 1062, 1268, 1995, etc. — Les formalités requises pour la perfection des donations immobilières sont les suivantes : 1° Remise au donataire (*i sköt*, dans son sein, d'où le nom de *skötning*), dans son manteau d'une motte de terre provenant de l'immeuble donné. C'est une tradition symbolique. Aussi, un diplôme de 1331 (n° 2855) porte-t-il : « Dedi et legavi et statim per scotacionem legitimam secundum leges patrie puplice factam possessionem tradidi corporalem. » Il n'est pas nécessaire que cette tradition symbolique ait lieu sur l'immeuble même. Cp. III : 67 qui n'indique peut-être pas la règle primitive. V. Dipl. 1038 (a. 1291) où deux domaines situés en deux lieux différents sont aliénés par la même *skötning*. — 2° Le donateur et les témoins touchent de la main un bâton (*skapt*). Un diplôme de 1341 (n° 3558) porte : « Scotamus... cum omni ratificatione et modo legum vestgotorum dictis skapt et umfærd. » Autre diplôme de 1291 (n° 1038) : « Scotacione legitima... manu mea cum manibus astancium haste apposita. » Stiernhöök, p. 235, écrit : « Adhibebant præterea baculum quem duodecim firmatores tangere debebant in signum perfecti jam contractus » (Cp. sur l'emploi symbolique de la *festuca* : Lex Salica, XLIX, LIII; Lex Rip., LXX; Marc. form. I : 21). — 3° *Umfærþ*. Cette formalité est décrite par notre loi, I, Jb. c. II : pr. C'est la formalité essentielle; aussi, quelquefois le mot *umfærþ* est-il pris comme synonyme de *skötning*. Dipl. 2513, 2874, etc. (Mention est faite de l'*umfærþ* dans notre loi pour les donations immobilières : II, Gb. c. II; III : 52, 67, 108). — 4° Le donateur prononce la formule solennelle d'aliénation. La formule *de scotatio* est la suivante, d'après Stiernhöök, p. 237 : « Alieno a me fundum meum legitime publicatum et statum, tantum et in illa villa N. situm, cum omnibus quæ ad illum pertinent, intra et extra villam, prope et procul, et alieno a me et meis hæredibus, sub te N. et tuos heredes tanti N. et hi duodecim NN. et testes sunt et firmatores. » — Une formule semblable est rapportée par le dipl. 1038 (a. 1291). — Cp. sur le symbolisme de l'ancien droit germanique dans les aliénations immobilières, Stiernhöök, *loc. cit.*; Ihre, v° *Sköta*; Grimm, p. 110 ss.

II. (1) Cp. II, Jb. c. I-III.

(2) C'est seulement lorsque la vente a été cautionnée qu'elle devient obligatoire pour les parties. Ce cautionnement ne s'explique, toutefois, que parce que l'exécution des obligations respectives des parties n'a pas lieu immédiate-

Toutes ces personnes doivent prendre la main des deux (parties) et la vente est alors conclue. Celui qui veut se dédire paiera trois marks de dédit. On ne peut plus se dédire après la tradition solennelle. Alors (l'acheteur) doit fixer un siunætting chez celui qui a garanti la tradition et à tous ceux qui possèdent des terres dans le by (3). (Alors) on doit faire le tour des champs et des prés et aussi revenir ensuite au topt (4). Si (l'immeuble) est revendiqué (par un tiers), celui-là doit défendre à l'action qui a vendu l'immeuble s'il est revendiqué avant que la tradition solennelle n'ait eu lieu. S'il est revendiqué après, celui-là doit défendre à l'action qui a acheté (l'immeuble). Il doit y avoir huit témoins (5) de la vente (*opol-*

ment, l'une des cautions garantissant l'*umfærþ*, l'autre le paiement du prix. Par exception, la vente d'une terre de l'almenning n'a pas besoin d'être cautionnée, II, Add. XI : 11. La présence d'un *vin* suffit; or, la garantie du *vin* est d'une nature toute spéciale (V. *infrà*, Þb. c. XIX et notes).

(3) Pour que la vente soit opposable à tous.

(4) *Topt* = area, terrain sur lequel s'élève la maison. V. Grimm, p. 539.

(5) Les anciennes lois suédoises mentionnent assez souvent la présence, dans certains contrats, de personnes nommées *fastar*, *fastir* ou *fastamæn*, et dont le rôle n'apparaît pas très clairement. Ce ne sont point des témoins *ad probationem*. Les textes les distinguent précisément des simples témoins, *vitni* (V. *infrà*, n. 8) ou *viþervarumæn* (V. Upl. Kb. c. XIV : 5; Sm. Jb. c. XII : 1). Les *fastar* apparaissent, croyons-nous, *ad solemnitatem*. Des diplômes parlent, à leur occasion, de *legalis solempnitas* (Dipl. 65, 645, 685). D'autres les nomment *testes firmarii*, *firmarii*, *firmatores*, *confirmatores*, *affirmatores*, *confirmantes* (V. Dipl. 714, 716, 1321, 2274, etc.). — Ce qui caractérise les fastar, par opposition aux témoins, c'est leur nombre relativement grand. Ainsi, d'après la Sm. Jb. c. XII : 1, dans la vente immobilière doivent figurer douze fastar et deux témoins. Cp. Vg. I, Jb. c. II : pr. La vente d'immeubles est le seul contrat où notre loi requière la présence de fastar. — S'agit-il des fastar dans l'hypothèse prévue III : 107? C'est ce qu'on ne peut affirmer avec certitude.

Les fastar procèdent sans doute à quelques formalités symboliques. Ainsi, des diplômes de Vestrogothie nous les montrent tenant dans les mains un *skapt* = *hasta* (D. 1837, a. 1312; 3089, a. 1334; 3808, a. 1344). — Quant au rôle du *styrifaster*, V. *infrà*, n. 6.

Il est probable que les fastar représentent le þing (Cp. les *classici testes* de la *mancipatio* romaine) où originairement devaient, à peine de nullité, se passer les actes juridiques considérés comme les plus importants (Cp. *suprà*, Rb. c. III, n. 4). On se contenta, à une époque plus récente, de la présence des fastar, délégués pour ainsi dire de l'assemblée. Cette conjecture est d'autant plus vraisemblable que, d'après la loi d'Upland, Jb. c. IV : pr., les fastar doivent « être donnés au þing du hundari (*hæraþ*) ou au þing de la province... »

fæstir) et un neuvième pour les présider (*styrisfæstær*) (6). Le siunætting doit avoir lieu sept jours après qu'il a été indiqué. Celui-là doit défendre l'immeuble qui le possède. On doit défendre l'immeuble avec deux tylpts et deux témoins. On doit indiquer un siunætting à celui qui a garanti la vente, que la contestation s'élève devant lui soit sur le prix, soit sur la tradition solennelle. On doit se rendre au siunætting chez lui. S'il peut prouver avec le serment d'une tylpt qu'il n'a pas garanti la vente, il est justifié. S'il échoue dans sa preuve, il paiera une amende de trois marks pour la rupture de la vente (7). — § 1. Si une terre héréditaire est revendiquée, on doit la défendre avec des témoins héréditaires (*ærfþær vitni*) (8). Deux personnes doivent donner leur témoignage et rentrer dans la tylpt. Elles doivent ainsi témoigner : « Je porte ce témoignage, et nous sommes deux (pour le porter), que tu as recueilli cet immeuble par succession et sans contestation et avec le témoignage qui y a été porté (9). Nous l'affirmons conformément à la loi. » Puis il (le défendeur) doit jurer devant la tylpt : « Que Dieu me soit propice et à mes cojureurs que j'ai recueilli cet immeuble par succession et sans contestation, que j'en suis propriétaire et que tu n'en as pas la plus petite partie (10). » — § 2. Si l'immeuble est

(6) Le *styrifaster* est celui des neuf témoins qui prend la parole. Les diplômes latins le nomment *prolocutor, pronunciator, promulgator*. Sa mission est de *skilia firi fæst*, de prononcer, au nom des autres témoins, certaines paroles confirmatives de la vente, « qui secundum consuetudinem Suthirmanniæ prescriptum vendicionis et empcionis pronunciavit firmum ac rite et legaliter esse factum. » D. 714, a. 1281. La Landslag, Eb. XII, rapporte la formule prononcée par le hæraþshöfþingi lors de la vente ou de l'échange d'immeubles.

(7) Le C. R. c. I, *infrà*, porte : « Il paiera une amende de trois marks à celui contre qui il rompt la vente. »

(8) Témoins donnant l'attestation indiquée au texte. — Les témoins proprement dits *vitni* (de *vita*, savoir ou prouver) apparaissent dans les actes juridiques comme simples auditeurs ou spectateurs, à la différence des fastar (V. *suprà*, n. 5). Quoique leur présence ne serve, en général, que *ad probationem*, il y a cependant certaines hypothèses où elle nous paraît requise *ad solemnitatem*, comme celle des fastar. V. II, Ab. c. XXVI ; III : 110. III ; 85. I, Þb. c. XIX ; II, Þb. c. LIV à LVII ; II Add. c. XI : 11.

(9) C'est-à-dire que l'héritage a été aborné. Cp. *infrà*, c. X.

(10) Le C. R. ajoute : « Puis il doit aller devant l'autre tylpt et prêter le même serment. »

revendiqué contre celui qui l'a acheté, il (l'acheteur) doit le défendre avec deux tylpts et deux témoins (et jurer) « que Dieu me soit propice et à mes cojureurs que j'ai acheté cet immeuble avec confirmation et tradition solennelles (*mæþ fæst* (11) *ok mæþ umfærþ*), sans contestation et conformément à la loi, que j'en suis propriétaire et que tu n'en as pas la plus petite partie. » Alors il doit aller devant l'autre tylpt et faire le même serment. On doit faire témoigner dans chaque tylpt de la solennité de la vente par deux témoins (*köpevitni*).

III (1). Celui qui veut vendre son immeuble (2) doit l'offrir à son héritier (3). Il doit fixer un siunætting chez son héritier

(11) *Fæst*, c'est cette partie des formalités de la vente où figurent les témoins, *fastar*.

III. (1) Cp. II, Jb. c. IV, V, VI, VII; Add. XI : 5, 11.

(2) *Jorþ*, immeuble. Mais il faut sous-entendre *arftakin*, héréditaire (de même dans le C. R. c. IV), ainsi que cela résulte clairement de II, Add. XI : 5.

(3) La propriété d'un immeuble étant la condition de la jouissance complète des droits civils, l'influence et la considération d'une famille augmentaient en raison même du nombre des propriétaires fonciers qu'elle comptait dans son sein et de l'importance de leurs propriétés. S'il importait peu à la famille qu'un immeuble passât des mains d'un de ses membres en celles d'un autre, elle avait, au contraire, un intérêt considérable à ne pas voir passer dans une autre famille des biens immobiliers qui étaient pour ainsi dire l'objet d'un condominium familial. De là ces dispositions qu'on trouve dans les lois scandinaves sur la faculté de retrayer les propres (la *terra aviatica, salica,* l'*alode*). — Le droit de la famille comprend deux choses : le droit de préemption (*jus protimiseos*) et le droit de retrait (*jus retractus*), le second étant la sanction du premier lorsque l'aliénateur n'a pas offert l'achat à ses héritiers. — Les lois provinciales ne semblent pas limiter à un degré quelconque de parenté le droit de retrait (Cp. II, Add. XI : 5). C'est seulement l'ordonnance du 27 juin 1720 qui a restreint l'exercice du droit de retrait au quatrième degré en ligne collatérale d'après la computation romaine, c'est-à-dire aux cousins-germains.

Le nantissement d'un immeuble a, dans les anciennes lois, une grande analogie avec l'aliénation, le créancier étant mis en possession. Aussi la loi d'Ostrogothie, Es. XVI : 1, porte-t-elle que celui qui veut engager son immeuble doit d'abord l'offrir à ses parents; s'ils ne veulent point prêter les deniers, il doit aller au þing et s'y faire autoriser par jugement à l'engager à qui il veut. D'autres lois provinciales accordent aux parents le droit de rachat quand l'échéance de la dette est arrivée et que le créancier non payé veut s'approprier l'immeuble, ou imposent au créancier l'obligation de faire aux parents l'offre légale de retrait. V. Upl. Jb. IX : pr. Helsing. Jb. XIX. — Notre loi est muette sur ce point. — Cp. sur l'exercice du retrait, II, Add. XI : 5 et s.

et lui offrir l'immeuble à acheter. Puis il doit indiquer un þing, *et les þingsmæn* (4) *doivent fixer un rendez-vous au bout d'un mois* (5). S'il (l'héritier) vient à ce rendez-vous pour acheter l'immeuble, il en a le droit. S'il ne vient pas, il (le vendeur) doit se rendre au þing et s'y faire juger (autorisé) à vendre à celui (6) qui offre le plus haut prix (7). La femme, de même que l'homme, doit faire l'offre légale de retrait. — § 1. Ni l'homme, ni la femme qui résident dans le bo ne doivent faire un contrat d'aliments (*flæt fara*) (8) que s'ils y consentent (9). — § 2. Le mari ne peut pas légalement acheter d'im-

(4) Selon Uppström, p. 7, il ne résulte nullement de ce texte que les þingsmæn aient eu un pouvoir de juridiction, même pour rendre des jugements préparatoires. Si, en effet, on compare le c. III ci-dessus au c. XXVIII de la Gutalag, où le droit de vérification relativement à la vente d'immeubles est confié à la fois aux membres de la famille et au peuple, bien qu'il ne soit jamais question dans la loi de juridiction exercée par le peuple, on doit admettre que le rôle des þingsmæn, dans le passage en question de la loi de Vestrogothie, est plutôt du domaine du droit civil que de celui de la procédure. — Cp. sur les þingsmæn, I, Md. c. I, note 5.

(5) Les mots en italiques ne se retrouvent pas au C. R.

(6) Le C. R. ajoute : « qu'il veut. »

(7) Le C. R. c. IV ajoute : « Lorsqu'il (l'immeuble) est offert à un, il est offert à tous. »

(8) *Flætfara*, litt. se rendre (*fara*) dans la maison (*i flæt*) d'autrui. Le contrat d'aliments consiste dans l'aliénation par une personne de tout ce qu'elle possède, sous condition que l'acquéreur nourrira et entretiendra l'aliénateur tant qu'il vivra. Dipl. 478, a. 1262 : « W. Alvastrensi monasterio omnia sua mobilia et immobilia... contulit hac condicione mediante, ut dominus D. abbas dicti monasterii et successores ejus universi memorate W. in victi et vestitu atque omnibus necessariis quamdiu viveret sufficienter providerent. » Ce contrat était très usité dans les anciens temps par les pauvres et les faibles (V. Gragas, *Arfaþ*, c. XII, XIX, et Schlegel, *Comm.*, p. 139). L'aliénateur quitte son domicile; il se forme entre lui et l'acquéreur certains rapports de société (originairement de dépendance, car la loi d'Ostrogothie, Ab. XII nomme l'aliénateur *giæftræl*, *servus deditilius*, et cela même après que Birger Jarl eut interdit l'aliénation de la liberté). — Cp. Amira, p. 531.

(9) Nous entendons ce passage avec Amira, *l. c.*, en ce sens qu'il ne vise point la flætfærþ volontaire, mais la flætfærþ forcée et prohibée. Toutefois, si l'on admet, avec certains auteurs, l'intercalation du mot *arvi*, en raison de l'effacement d'une ou de deux lettres, le sens du § 1 serait que le contrat d'aliments (portant aliénation d'immeubles) ne serait possible qu'avec le consentement de l'héritier. Cette règle se rattacherait du reste très bien à la disposition précédente relative au condominium familial. Cp. C. R. et Add. XI : 10.

meuble de sa femme (10); cela s'appelle une vente entre deux murs (*væggiær köp*). Le mari (11) peut, s'il le veut, échanger un immeuble contre un immeuble (de sa femme) (12). — § 3. Celui qui vend un immeuble doit lui-même conclure et confirmer solennellement la vente (*köpfæst*) et assister à la tradition solennelle (13), que ce soit une femme, un enfant ou un homme. Le mineur de quinze ans doit publier la vente au þing (14). — § 4. Celui qui a acheté un immeuble en donnant des meubles en échange et qui veut le revendre en échange de meubles, doit faire l'offre légale de retrait à celui à qui il l'a acheté. Celui-ci doit payer, pour (avoir) l'immeuble, une somme égale à celle qui a été offerte. S'il (l'aliénateur) veut échanger l'immeuble contre un autre, il n'est pas obligé de faire l'offre légale de retrait.

IV (1). Lorsque le mari ou la femme vendent un de leurs immeubles (propres), que (le vendeur) n'en met pas (le prix) dans le bo (la communauté) et qu'il s'achète un autre immeuble, cet (acquêt) appartient à celui des deux qui avait touché le prix de vente. — § 1. Si quelqu'un acquiert (par voie d'échange) un immeuble en donnant une soulte prise sur les biens des deux époux (biens communs), lorsque l'on partage le bo (la communauté), l'époux doit remettre dans la

(10) La prohibition des ventes d'immeubles entre époux est une conséquence du condominium familial. Cp. loi d'Ostrog. Gb. XIV : pr.

(11) *Bonde*. Nous traduisons ainsi en nous référant au C. R. Mais on pourrait aussi entendre ce passage en ce sens qu'un propriétaire (*bonde*) peut librement échanger un immeuble (héréditaire) contre un autre immeuble. Cp. Add. XI : 11.

(12) Le c. VII du C. R. ajoute : « Il en a le droit avec l'avis (assentiment) des plus proches parents. »

(13) D'après la loi d'Ostrog. Es. I : 2, le roi, par un privilège spécial, peut se faire représenter lors de la vente d'un almenning à un paysan. Le § 67 des *Excerpta Lydekini*, qui permet en tous les cas la représentation, pose une règle nouvelle.

(14) L'aliénation des biens immobiliers du mineur ou de ses biens mobiliers les plus précieux n'était en général permise au tuteur dans les anciennes lois provinciales qu'avec l'assentiment des parents du mineur (Cp. Ög. Es. c. XI; Gb. c. XVIII). Notre loi signifie probablement que le þing doit autoriser la vente pour qu'elle soit valable. La loi d'Ostrogothie est beaucoup plus précise sur les pouvoirs d'aliénation du tuteur et sur les conditions auxquelles il est soumis.

IV. (1) Cp. II, Jb. c. IX-XI.

masse à partager une somme égale au montant de la soulte. — § 2. En cas de contestation entre deux époux, lorsqu'un immeuble a été acheté avec des effets mobiliers et que l'on dit que l'un des époux n'en est pas propriétaire, celui-là des deux époux a la *vita* (2) qui prétend être propriétaire (3). — § 3. Lorsqu'un immeuble est livré solennellement depuis que les deux époux sont mariés, il appartient aux deux époux (à la communauté).

V (1). L'évêque a la *vita* avant le roi, le lændærmaþer (2) avant l'évêque et le propriétaire avant eux tous (3). Si des propriétaires possèdent un by et des lændirmæn un autre, s'il y a contestation entre eux (4), les propriétaires ont la *vita* et non les lændirmæn. Si (ceux-ci) demeurent au milieu du by-si les propriétaires demeurent dans le by avec un lændermaþer, ils ne perdent point pour cela la *vita* (5).

(2) *Vita* = Jus vel onus probandi vel juramento se defendendi, Schlyter, Vg. Gl. Sur la *vita* et la preuve, V. Lr. *in f.* et note 5.

(3) Le C. R. c. XI ajoute : « Celui des deux qui prétend être propriétaire doit faire sa preuve avec deux tylpts et deux témoins. »

V. (1) Cp. II, Jb. c. XIII.

(2) « *Lænder* ou *lændermaþer* = qui feudum habet, vasallus; Schlyter, Gl. Vg. Le *læn*, fief, est traduit par Schlyter : ususfructus prædii regii privato cuidam concessus.

(3) Il faut compléter le texte par ce que dit le C. R. c. XIII.

(4) C'est-à-dire si les lændirmæn prétendent à la propriété du by.

(5) Le texte consacrerait, en définitive, une présomption d'allodialité en faveur des propriétaires (paysans) contre les lændirmæn. Toutefois, il faut se garder d'y attacher une importance semblable à celle que pouvait avoir la règle de notre ancien droit : Nul Seigneur sans titre. Le fief du lændermaþer n'est en effet qu'une concession d'usufruit portant sur un bien du domaine royal (Cp. II, Fb. c. L, note 2, sur la situation du *þiænistu maþer* qui ne nous semble être autre que le *lændermaþer*); c'est au fond la rémunération de la fonction exercée par le vassal du roi. Quant à la féodalité proprement dite, telle qu'elle existait à la même époque dans l'Europe « méridionale, » on ne la rencontre pas en Suède, car les causes qui ont amené la naissance et le développement de cette institution, à savoir les conquêtes, ne se sont pas produites en Suède. La règle posée par notre chapitre aurait donc, croyons-nous, une portée assez restreinte : elle ne s'appliquerait, en réalité, que dans les rapports des paysans propriétaires avec le roi dans les contestations relatives à l'étendue du domaine royal (domaine détenu par le vassal du roi); de sorte que la seconde partie du chapitre ne serait que le corollaire du principe posé par la première phrase que « le propriétaire a la *vita* avant eux tous. »

VI (1). Celui qui veut prendre un immeuble en gage (*væþ*) (2) doit en recevoir tradition solennelle (*umfærþ*) (3); on doit lui donner l'immeuble en gage conformément à la loi (4). S'il (le débiteur) rachète le gage avant que trois hivers (se soient écoulés), l'immeuble n'est pas acquis (au créancier); si (le débiteur) reste trois hivers ou plus de trois hivers (sans le racheter), l'immeuble est acquis au créancier (5). — § 1. Si quelqu'un donne en gage une autre chose, il (le créancier) doit fixer un siunætting chez lui (le débiteur) et s'y rendre, pour racheter son gage et réclamer sa créance. Il (le débiteur) doit payer sa dette en prêtant serment que la dette n'est pas plus forte qu'il ne l'a présentée actuellement (6). S'il ne veut pas payer sa dette ni prêter serment, (le créancier) doit retenir le gage et le mener au þing et s'y faire autoriser par jugement à le vendre (7).

VI. (1) Cp. II, Jb. c. XIV.

(2) L'expression *panter* (qui a passé dans le suédois moderne) ne se rencontre qu'une seule fois dans notre loi, II, Kb. 65. Elle est synonyme de *væþ*.

(3) Le C. R. ajoute : « huit oþolfastæ (Cp. *suprà*, c. II, pr. et note 4) et un styrifaster (faisant le) neuvième (témoin) doivent... »

(4) Les formalités doivent être les mêmes que dans la skötning (*suprà*, c. I, note 3). Arg. Dipl. de 1320, n° 2336, qui parle d'une « curia (ferme) obligata et condicionaliter scotata. » Dipl. de 1345, n° 3964 : « pignoris et scotacionis titulo. »

(5) Le créancier n'a pas besoin, d'après le texte, de mettre le débiteur en demeure de racheter le gage immobilier; c'est donc au débiteur à proposer le rachat. *Secus* pour le gage mobilier, § 1, *infrà*. — Le créancier gagiste qui a la possession de l'immeuble en a aussi la jouissance. Ainsi, il touche les fermages. C'est ce que dit formellement la loi d'Upland, Jb. IX : 3. C'est peut-être aussi ce que veut dire la glose qui se trouve en marge du pr. de notre chapitre et portant : « Il prendra néanmoins la *skyld*, après que le jour est échu. » Skyld peut en effet signifier fermage, redevance. Amira, qui estime qu'ici skyld signifie dette (p. 201, n. 3), explique ainsi cette glose : le glossateur pense que le créancier peut, lorsque la dette est échue, ne pas s'en tenir au gage et exercer une action personnelle contre le débiteur. Cette solution n'est certainement pas exacte pour le droit primitif dans lequel l'obligation réelle de l'immeuble se substituait à l'obligation personnelle du débiteur, mais elle l'est peut-être, dit Amira, pour l'époque à laquelle le glossateur écrivait.

(6) C'est-à-dire que les deniers qu'il présente au créancier.

(7) D'après la plupart des lois provinciales, le débiteur, en cas de constitution de gage mobilier, reste tenu personnellement, mais subsidiairement. La loi de Vestrogothie n'admet point la survivance de l'obligation personnelle. Amira, p. 217.

VII (1). Si quelqu'un achète un domaine dont des champs ont été séparés lors de la vente, en cas de contestation, il n'a la *vita* que pour une parcelle. Alors celui qui est propriétaire du domaine doit prêter serment avec deux tylpts (2), « que Dieu me soit propice et à mes cojureurs que cette parcelle, n'a jamais ete séparée du domaine avec les formalités solennelles (*mæþ fæst ællær mæþ umfærþ*) et n'a pas été aliénée conformément à la loi (3). » — § 1. Si quelqu'un prétend avoir hérité d'une parcelle et si un autre prétend l'avoir achetée, celui-là a la *vita* qui prétend avoir hérité. — § 2. Si l'un prétend être propriétaire d'un *utskipt* (4) et si l'autre est propriétaire d'un domaine, celui-là a la *vita* qui est propriétaire du domaine (5). Les utskipt et les échaliers doivent tout entiers être légalement compris dans le topt (6). — § 3. Si quelqu'un a un topt dans le by et un *öresland* (7) et un pré de six char-

VII. (1) Cp. II, Jb. XV-XVII, XIX.

(2) Le c. XV du C. R. ajoute : « Et son adversaire a droit qu'en jurant il touche les reliques des saints. »

(3) Loccenius traduit ainsi ces deux §§ : « Si quis emat prædium in quo habitet illudque sit ex agro empto (explic. : ex eoque sit ager exemptus, (urstâld et controversia de eo exoriatur, urgeatque adversarius non posse sibi emptorem prædii et ipsum prædium et distinctam hanc portiunculam vindicare, jusjurandum ab eo præstabitur cum XXIV viris) dissentiant autem emptor et venditor, non habet facultatem probandi possessor prædii, nisi unam divisionem. »

(4) *Utskipt* = portio agri in communi pagi silva vel pascuo consæpti (ad aliquem vicinorum pertinens); Schlyter, Gl. Vg. — Verélius (*Index linguæ veteris Scytho-Scandicæ*) et Lundius traduisent : « Partes fundi circumjacentes, sed extra id solum quod limitatum et ædificiis occupatum est. » Loccenius : « Partes fundorum in extrajacentibus possessionibus. » — L'utskipt pourrait répondre au pourpris = enclos et environs et prochaines clôtures. Le sens du texte serait alors le suivant : Si le même terrain est revendiqué par l'un comme utskipt (*ager occupatorius*) et par l'autre comme bol (*ager limitatus*), c'est ce dernier qui a la *vita*.

(5) Loccenius : « Si unus urgeat portionem habere se extra vici sui limitati solum, alter eamdem prædio in vico subjectam, huic vindicandi facultas esto. »

(6) Cp. *inf.*, c. XIV, n. 3.

(7) L'öresland est, d'après Schlyter, un champ d'une superficie telle qu'on doive employer pour l'ensemencer des graines pour la valeur d'un öre. — Pour Amira, p. 437, l'öresland est un champ rapportant un öre de fermage. — Stiernhöök définit ainsi (p. 261) l'halföresland (1/2 de l'öresland) « Semis-

retées (de foin), il a droit (d'user) des utskipt (8). (Celui qui possède) la huitième partie d'un *attunger* (9) a droit à l'herbe, au feuillage et aux arbres non fructifères (10). Celui qui ne possède pas la huitième partie d'un attunger n'y a pas droit.

VIII (1). On doit disposer le by en attungers. Quatre (2) voies doivent partir du by. Les barrières, les échaliers et les ponts doivent diviser les attungers.

IX (1). Lorsque l'échalier du cimetière et l'échalier d'un topt (2) passent au même endroit, c'est la paroisse qui doit construire l'échalier et non le topt (3). Lorsqu'un champ et un topt se touchent, celui-là doit construire l'échalier qui est propriétaire du topt. — § 1. L'échalier entre le topt et un champ doit être fermé pour le jour de l'Ascension (4). L'é-

sarium, longum scilicet novem perticas et totidem latum, sive octodecim perticas longum et quatuor cum dimidia latum : duplo pluris erat orarium, öresland. » La *pertica* vaut, d'après Stiernhöök, *novem ulnas nostrales.*

(8) Le sens de ce passage doit être éclairé et complété par le C. R. c. XIX.

(9) *Attunger* = certa quædam pars pagi (du by); an vero v. attunger significet octavam partem, ac, si ita sit, utrum ipse pagus, an aliud quoddam esset totum illud, quod respicerent hæ partes dubium est; Schlyter, Gl. Vg. D'après un diplôme (n° 3065) le quart d'un attunger (*octonarius*) ostrogoth peut recevoir trois tonnes de semences. Cp. Amira, p. 436. — En Upland, l'attunger constituait la huitième partie du hæraþ et comprenait une ou plusieurs *hamna* chargées chacune de fournir un guerrier. V. Schlyter, Gl. p. 259.

(10) *Til löf ok lok under viþær.* Ces expressions doivent répondre à celles qu'emploie un diplôme de 1279 (Schlyter, Gl. p. 401) : « Pascua pecorum, quæ vulgariter dicuntur *löf ok luk* et lignorum succisio ad ignem solummodo faciendum. »

VIII. (1) Cp. II, Jb. c. XX.

(2) Sur ce nombre de quatre voies, cp. Grimm, p. 211.

IX. (1) Cp. II, Jb. c. XXI.

(2) Peut-être devrait-on lire au texte topt plutôt que toptærgarþar, et alors on traduirait : « Lorsque le cimetière touche à un topt. »

(3) L'obligation de clore peut incomber soit à une communauté vis-à-vis d'une autre communauté, soit à un particulier vis-à-vis d'un autre. Certaines lois ont un terme pour désigner les associations de propriétaires dont les divers champs sont entourés par une clôture commune (*værnalagh*, par ex. Upl. Kb. c. VII : pr.). Dans ce cas, la clôture est construite et entretenue par chacun des associés proportionnellement à la part qu'il possède dans les terrains enclos. On rencontre également dans les anciennes lois germaniques ce souci de la clôture et de la délimitation des propriétés. Cp. Lex Sal., X : 8, XIX : 4; Lex Rip., XLIII; Lex Burg., XXVII, etc. V. Grimm, p. 549.

(4) L'obligation de clore n'incombe aux propriétaires que pendant une partie de l'année dont la fixation dépend, dans les diverses lois provinciales,

chalier mitoyen entre deux topts doit toujours être en bon état (5). Aucun d'eux ne paiera d'amende pour cela (6), à moins que l'un n'actionne l'autre (7).

X (1). On doit mettre en terre deux pierres bornes et placer dessus une troisième (2). Ces pierres qui sont en terre doivent servir de témoins. — § 1. On doit placer la maison à une telle distance des bornes qu'il y ait l'espace d'un poteau entre elles et l'égoût du toit.

XI (1). Si quelqu'un enlève sa maison du topt et cultive le topt, cela s'appelle alors un champ et non un topt. Il doit faire juger (2) qu'il est libéré de l'obligation d'entretenir l'échalier qui était entre les topts après qu'il aura été remis en bon état.

XII (1). Si un chemin passe entre deux topts, il doit être large de six aunes. Si quelqu'un a un chemin à travers le topt d'une personne, il (le propriétaire du fonds servant) peut lui établir le chemin hors (du topt), comme il le veut, (mais) non dans une fosse, ni dans le limon, ni sur la montagne. Chacun d'eux doit établir la moitié du chemin entre les topts. — § 1. On doit établir un chemin pour mener les cadavres à l'église. On ne peut faire passer un cadavre à travers le topt d'une personne sans son consentement, sinon on encourt

du climat local et de l'époque de la maturité des récoltes. Le texte apporte une exception relative à l'échalier qui sépare deux topts.

(5) Le C. R. ajoute : « hiver et été. » — Certaines lois déterminent comment il faut entendre la condition imposée par notre texte. Ainsi, la loi d'Helsingeland, Wiþ. V : pr. porte que l'échalier doit avoir une hauteur telle qu'un homme de taille moyenne l'ait en dessous de sa main et que, pour l'échalier d'un champ, il doit y avoir un intervalle d'un pied au plus entre les piquets, et pour l'échalier d'un pré d'une brasse au plus. — Cp. Lex Bajuv., XIII : 1 : « Si sepes legitime fuerit exaltata, id est mediocri statura virili usque ad mammas. »

(6) C'est-à-dire, comme l'explique le C. R. c. XXI, « parce que l'échalier est en mauvais état. »

(7) Dans les deux hypothèses prévues au pr. et au § 1 de ce chapitre, la partie obligée de construire l'échalier en supporte tous les frais. Cp. *infrà*, XVII : pr.

X. (1) Cp. II, Jb. c. XXII.

(2) Sur les pierres-bornes et sur le nombre 3, Cp. Grimm, p. 522 et 543.

XI. (1) Cp. II, Jb. c. XXIII.

(2) « Avec l'action légale, » ajoute le C. R.

XII. (1) Cp. II, Jb. c. XXIV-XXVI.

une amende de trois fois seize örtughs. — § 2. On doit établir un chemin pour mener le foin au by. Celui qui le laboure paiera une amende de trois fois seize örtughs.

XIII (1). Si quelqu'un vient à demeurer sur son champ ou sur son pré, il doit se clore lui-même. Si quelqu'un possède un échalier devant lui (devant son topt), il peut agir contre lui pour le faire enlever (lui fixer) un siunætting, (jurer) avec une tylpt et faire déclarer à deux témoins « que cet échalier s'élève devant son topt de telle sorte qu'il n'a pas d'issue. » S'il n'abat pas l'échalier avant le jour du siunætting, il paiera une amende de trois fois seize örtughs, et l'autre partie peut enlever l'échalier après le jugement du þing et se faire adjuger l'entretien de l'échalier tant que son topt existe. — § 1. Celui qui abandonne ses bâtiments peut se faire libérer par jugement de l'obligation d'entretenir l'échalier et faire juger comme ci-dessus qu'il (le précédent propriétaire de l'échalier) doit reprendre l'échalier après qu'il aura été remis en bon état. — § 2. Si quelqu'un construit dans un champ entouré d'un échalier et autour duquel d'autres voisins possèdent des terres, il ne peut pas légalement y demeurer. (Les voisins) doivent lui fixer un siunætting et s'y rendre et produire des témoins (déclarant) qu'il demeure dans un champ entouré d'un échalier et qu'il fait passer ses bestiaux à travers les champs et les prés, et que pour cette raison il ne peut pas y demeurer légalement. On doit alors indiquer un þing (2), faire fixer par jugement un endaghi, faire la preuve avec deux tylpts et faire juger au sægnarþing que l'échalier doit être enlevé. (On doit) le démolir et non le brûler (3). — § 3. Lorsque deux frères partagent leurs immeubles, et que l'un d'eux construit une maison au dehors sur un champ ou sur un pré, sur le bord gazonné, que le *tegh* (4) (de l'un) touche au tegh (de l'autre), il a les mêmes droits que celui qui demeure dans le by. — § 4. Celui qui

XIII. (1) Cp. II, Jb. c. XXVII-XXXIII.

(2) Le c. XXIX du C. R. ajoute « et y poursuivre l'accusation. »

(3) Loccenius traduit « Domum, ut eadem tamen tollatur, non vero comburatur. » Garþ signifie en effet soit échalier, soit maison.

(4) *Tegher* = portio agri vel prati ad aliquem vicinorum in pago pertinens; Schlyter, Gl. Vg. — Sur la règle *tompt ær teghs moþir*, V. *infrà*, c. XIV, n. 3.

bâtit dehors sur le terrain du by doit se clore lui-même. Celui qui bâtit sur le pâturage communal et construit autour un échalier et (y demeure) pendant trois hivers ou plus de trois hivers, a le droit de porter la hache dans le bois sur les arbres non fructifères et de mener ses bestiaux paître sur le pâturage communal. Personne ne peut s'approprier le terrain qu'il a clos, et en dehors de l'échalier il n'a droit à rien dans l'almenning. Cela s'appelle un *holmstopt* (5). On ne peut pas l'enfermer dans une outre (6). Si les voisins veulent clore leurs champs devant lui, ils doivent lui laisser établir un chemin large de sept toises pour aller à l'almenning.

XIV (1). On ne peut clore une terre (2), à moins que tous ceux qui possèdent le huitième d'un attunger n'y consentent. Lorsqu'on a clos (les terres), celui qui le veut peut demander le partage des terres (*oþolskipti*) (3). (Le demandeur) doit

(5) Topt formant une île.

(6) Le sens de cette phrase s'explique par ce qui suit.

XIV. (1) Cp. II, Jb. c. XXXIII.

(2) Pour la cultiver.

(3) Le by, qui correspond à la commune moderne, doit, suivant les expressions de la loi d'Ostrogothie (Bb. I : 1) « être placé en situation légale, *læggia by til laghalæghis.* » Cette « situation légale, » c'est l'assignation à chaque propriétaire d'un emplacement pour sa maison et d'une part dans les champs, les prés, les bois et les eaux du by, assignation définitive, quoique susceptible de modification. Tant que ce partage légal des terres n'a pas eu lieu, chaque habitant du by n'a, sur les terres qu'il a cultivées jusqu'alors ou sur les terrains dont il a eu la jouissance, qu'un droit de possession. La propriété véritable (*fasta fæþrini ok aldaoþal,* comme le dit la loi d'Upland, Jb. I : pr.) n'existe pas encore à son profit. En effet, si le partage légal est demandé, chacun doit apporter à la masse les immeubles qu'il possède. Le partage légal a pour effet précisément de substituer à un droit d'usage ou d'usufruit, sur une propriété commune, un véritable droit de propriété privée; un nouveau partage des terres ne peut plus s'accomplir que du consentement de tous. Il y a donc une différence essentielle entre le partage légal de l'ancien droit scandinave qui a pour but de régulariser définitivement une situation provisoire et le partage périodique des terres de la commune russe.

Dans le partage légal, les lots nouveaux assignés aux habitants du by ne sont point nécessairement égaux; ils doivent être proportionnels à la part rapportée à la masse. On assigne d'abord à chacun sa part dans le village, son emplacement pour la construction de la maison d'habitation et de ses dépendances, en un mot, du tompt ou topt. Puis on procède au partage des terres, prés et bois. Dans la Suède proprement dite et en Ostrogothie, on suit alors la règle « *tompt ær akers* (ou *leghs*) *moþir* = le topt est la mère du

fixer un siunætting devant la maison d'un (habitant du by) et s'y rendre devant tous ceux qui possèdent des terres dans le by (4). On doit alors indiquer un þing et faire fixer par jugement un endaghi. A l'endaghi les þingsmæn doivent rendre témoignage et jurer ensuite « qu'un jugement a été ainsi rendu dans sa cause au þing, qu'il doit comparaître ici aujourd'hui pour mesurer les terres (5) et les diviser en attungers. » Lorsque on a divisé en attungers, l'affaire revient au þing, et on tire les lots au sort au sægnarþing, à moins qu'on ne soit d'accord (pour le faire) auparavant. Puis on fait établir par jugement, avec le témoignage des þingsmæn, quels sont les attungers que chacun a reçus dans son lot. Ainsi, tous doivent échanger entre eux les maisons et les terres (6), à moins qu'ils ne soient d'accord (pour le faire) autrement.

XV (1). Si quelqu'un prétend posséder en propre une par-

champ ou de la parcelle, » c'est-à-dire que les différents terrains sont assignés aux habitants du by dans le même ordre que leurs tompts sont placés dans le by, de sorte que si Primus a dans le by sa maison voisine de celle de Secundus, il sera également pour sa part de prés, de champs, etc., le voisin de Secundus. En Vestrogothie, c'est, au contraire, le sort qui décide (c. XIV, *suprà*).

Le droit de demander le partage légal n'appartient, et cela se comprend, qu'à l'habitant du by qui possède une certaine fortune immobilière. (V. *suprà*, c. VII : 3 et II, Jb. c. XIX). — Le partage peut s'appliquer à tous les terrains de la commune, de sorte que si l'on n'a partagé d'abord que les champs et les prés, on pourra ensuite demander le partage des bois (arg. II, Jb. c. XXXIII).

Le partage légal entraîne, pour les propriétaires, l'obligation d'abandonner leurs maisons (c. XIV, *suprà*), ou plutôt de les démolir pour les reconstruire sur le nouvel emplacement qui leur a été assigné; cela n'entraîne pas, d'ailleurs, de grands frais si l'on songe à la manière dont sont construites encore aujourd'hui les maisons scandinaves, faites de madriers superposés. Certaines lois accordent au propriétaire dépossédé un certain délai pour satisfaire à l'obligation en question. — Cp. Amira, p. 605-610.

(4) La loi d'Ostrogothie dit de même : *Vara by til lagha laghis enum i garpe ok allum a þinge*, c'est-à-dire que celui qui demande le partage légal assigne un de ses concitoyens dans sa maison et les autres habitants du by, avertis par celui des leurs qui a été assigné, doivent se rendre au þing sans qu'il soit besoin d'autre citation à leur égard.

(5) « Les bois ou les échaliers, » ajoute le C. R. c. XXXIII.

(6) « Et les bois, » ajoute le C. R. *ibid*.

XV. (1) Cp. II, Jb. c. XXXIV-XXXVI.

celle du terrain communal qui n'est pas entourée d'un échalier et que les voisins le nient, prétendant en être tous propriétaires, ceux-là ont la *vita* qui prétendent en être tous propriétaires. (Ils doivent) faire leur preuve avec deux tylpts et deux témoins (jurant) « que Dieu me soit propice et à mes cojureurs que cette terre sur laquelle nous sommes en désaccord appartient à l'almenning (2), à tous les habitants du

(2) Le petit nombre des habitants de l'ancienne Suède, relativement à l'étendue du territoire, explique l'existence de grandes propriétés communes appartenant soit au by (*by almænning*), soit au häraþ (*häraþs almænning*), soit à la province (*lands almenning*). Originairement, l'occupation des terrains vacants était absolument libre; celui qui cultivait un champ, jouissait d'un pré ou usait d'un bois, en devenait par là même propriétaire. Il n'y avait à cela aucun inconvénient, vu l'étendue des terrains libres, pourvu que le nouvel occupant respectât les droits des voisins antérieurement établis. La loi de l'Helsingeland (qui correspond au Norrland actuel), consacre encore ce droit d'occupation de l'almenning, Wiþ. c. XV : « Quiconque voudra choisir dans la terre commune (*almænning*) pour y établir une ferme ou un village, prendra à côté de celui ou de ceux qui s'y trouvent déjà, mais sans empiéter sur leurs terres, une quantité de forêts aussi grande que celle des prairies et des champs réunis. Il prendra de deux côtés, aussi loin qu'un boîteux peut marcher à l'aide de béquilles sans se reposer. Ce sera la longueur du terrain. Il sortira de chez lui avec cheval et voiture, avant le lever du soleil à l'époque du solstice d'hiver, coupera une charge de piquets et reviendra à l'heure de midi. Ce sera la prise de possession légale d'un terrain en friche. S'il veut prendre du terrain pour champs et prairies, il défrichera l'étendue nécessaire pour y récolter trois charges de grains, plantera les quatre poteaux d'une maison et fera, assisté de deux témoins, le tour de sa terre, dont il jalonnera les limites. » (Trad. Dareste, *l. c.*)

Dans la Suède centrale et méridionale, le droit de la communauté (by, hæraþ ou province) sur l'almenning est un véritable droit de propriété. Les habitants de la communauté ont le droit d'usage (pâturage, bois de chauffage et de construction) sous certaines conditions (Cp. Vg. II, Fb. c. XLIV). Dans le *Codex antiquior*, il n'est question d'aucune autorisation pour pouvoir défricher et s'approprier ainsi l'almenning. Mais les *Exc. Lydek.*, § 144, portent : « Personne ne peut prendre ou aliéner une partie de l'almenning du hæraþ sans le consentement de tout le hæraþ et du hæraþshöfþingi. Si quelqu'un intente une action à ce sujet, on nommera des experts au landsþing et ce qu'ils décideront sera valable. Personne ne peut clore une partie de l'almenning sans le consentement de la province et sans un jugement du laghmann. Si quelqu'un contrevient (à cette défense), il paiera une amende comme pour toute autre usurpation du terrain d'autrui. » — Le droit du nouvel occupant sur l'almenning qu'il défriche est un droit de pleine propriété (V. II, Kb. c. VII, et cp. II, Ab. c. VIII). — L'almenning de la couronne ne se constitua que très tard relativement. Cependant, dans un diplôme

by, et n'est point la propriété particulière de celui-ci (3). » — § 1. S'il y a contestation entre un þorp (4) et un by relativement à l'almenning, c'est le by qui a la *vita* et non le þorp. Une demi-tylpt au moins doit demeurer dans le by pour qu'on puisse prouver que c'est un véritable by (*fullby*). Deux propriétaires d'immeubles doivent, dans chaque tylpt, rendre témoignage que c'est un ancien by, construit déjà à l'époque païenne. Puis deux propriétaires d'immeubles, pris parmi ceux qui n'ont pas témoigné, doivent chacun devant sa tylpt (jurer) « que Dieu me soit propice et à mes cojureurs que ce by a été un by véritable et à l'époque païenne et dans les temps chrétiens, et qu'il a les mêmes droits que cet (autre by) conformément à la loi. » Si quelqu'un possède tout un by où se trouvent l'église et six personnes domiciliées, il peut prouver que c'est un véritable by (*fullby*).

XVI (1). En cas de contestation entre deux bys sur les limites de leurs territoires, on doit examiner les bornes intermédiaires. Chaque by doit se rendre sur les limites qu'il

de Erik Eriksson rédigé entre 1222 et 1250, on voit le roi donner à un monastère son tiers dans deux domaines à Grutbec (Hjelmerus, *Bidrag til svenska jordeganderättens historia*, p. 54); il semble résulter de ce document que cet almenning de Vestrogothie aurait été la copropriété du roi (pour un tiers = analogie avec le droit de triage) et de la province (pour les deux autres tiers).

(3) Cp. III : 139 : « Si quelqu'un revendique une terre allodiale (*oþoljorþ* = fundus pleno dominii jure ad aliquem pertinens, Schlyter, Gl. Vg.), en dedans d'un échalier contre tout le by, et s'il ne peut avoir de témoins dans le by, il prendra ses témoins dans la même paroisse. » Loccenius s'est complètement mépris sur le sens de ce §, qu'il réunit d'ailleurs au § 140, visant une hypothèse toute différente. Loccenius traduit ainsi : « Si vir litigat de veteri terra hereditaria intra conseptum agrum de juxta totum pagum, sique non accipiat spatium intra pagum, capiat sibi spatium in eadem parœcia ad divisionem terræ et ad segetes agrarium, ad diurnas operas ubi potest, vere et autumno (Explic. : quærat sibi ex solo alius vici in parœcia campum frumentarium et alia agrorum genera pensionibus ex æquo respondentia, uti lege potest, et ad diurnas operas præstandas, vere et autumno). »

(4) *Þorp* = ferme isolée, petit by. D'après Edda, « trium hominum cœtus appellatur þorp. » Schlyter, Gl. Vg.

XVI. (1) Cp. II, Jb. c. XXXVII, XXXVIII. III : 117 : « Si plusieurs bys possèdent ensemble un terrain clos et si un (habitant d'un de ces bys) fait paître ses bestiaux sur son terrain et sur celui de ses voisins dans le by qui habitent avec lui, il n'encourra pas de responsabilité si aucun de ses voisins

prétend être les siennes. Personne ne peut prétendre à une limite qui se trouverait en dedans d'un échalier qui est resté dans le même état (2) trois hivers ou plus de trois hivers. Là le by a la *vita* pour cela. On doit se réunir et produire les témoins là où l'on prétend être la limite. Si l'autre (by) produit un plus grand nombre de témoins, il a droit (au terrain litigieux). S'ils ont tous les deux le même nombre de témoins, le hæraþ (3) doit nommer des þingsmæn pour procéder à une descente sur les lieux. Si les experts sont d'accord, on doit adjuger (le terrain litigieux) à celui qui a les experts pour soi. Si les experts ne sont pas d'accord, la province (land) (4) doit nommer des experts et trancher le litige (5). — § 1. En cas de contestation entre la province et un hæraþ, la province doit avoir la *vita*, et le hæraþ doit avoir la *vita* s'il ne réclame pas des bois de construction dans la forêt (6). On doit faire la preuve avec deux tylpts de cojureurs (7). — § 2. En cas de contestation entre le hæraþ et un by, c'est le hæraþ qui a la *vita*.

XVII (1). Lorsqu'un by veut clore son territoire contre le

ne le poursuit. Si les habitants de l'autre by le poursuivent parce qu'il a mené paître ses bestiaux au delà des limites et sur leur propre terrain, il se justifiera avec sept næmdemæn ou paiera une amende de trois fois seize örtughs. Si l'on intente l'action de leur consentement à tous, ils ont à eux tous une amende de demandeur. Si un seul d'entre eux agit et non plusieurs, le demandeur aura seul l'amende afin qu'il poursuive ses voisins et leur fasse payer l'amende. Si quelqu'un laisse un champ ou un pré sans enlever la récolte de grain ou de foin, sept nuits après que tous ont rentré leur récolte, on peut y conduire impunément des bestiaux. »

(2) C'est-à-dire, s'il y a eu possession paisible, non interrompue.

(3) C'est-à-dire le häraþshöfþingi.

(4) C'est-à-dire le laghmann.

(5) Le C. R. c. XXXVII ajoute : « Et il en sera ensuite comme les experts l'auront décidé. »

(6) Loccenius traduit : « Si dissensio sit inter provinciam et hœradam, provinciæ probatio incumbet (explic. : in causa dubia asserenda potior erit ratio provinciæ quam territorii et illorum quidem provinciæ territoriorum quibus lignationis causa non conficit deliberationem) et illa territoria facultatem probandi habebunt quæ non captant majorem adquisitionem. »

(7) Næmdemæn, cp. *suprà*, Md. c. XI, note 4. Le C. R. c. XXXVIII ajoute : « Celui qui voit (entend) le serment a droit (d'exiger) que l'adversaire touche les saintes reliques (en jurant). »

XVII. (1) Cp. II, Jb. c. XXXIX-XLII. — Dans les hypothèses prévues par ce chapitre, les frais de construction de l'échalier se partagent par moitié.

territoire d'un autre by, celui-là doit construire l'échalier qui veut clore; il (peut) demander ensuite que l'autre by reprenne la moitié de l'échalier après qu'il aura été mis en bon état. — § 1. Si quelqu'un veut cultiver une terre en jachère, celui-là doit construire l'échalier qui veut cultiver, et (il peut) ensuite demander à être déchargé de l'échalier (2) après qu'il aura été mis en bon état. Celui qui cultive un seul champ doit se clore lui-même à l'alentour. — § 2. Celui qui veut clore son pâturage doit construire son échalier entre les pâturages. Il ne peut autrement saisir les bestiaux d'autrui (qui se trouvent dans son terrain) sans se rendre passible d'une amende de trois fois seize örtughs et on l'appelle *græsspæri* (3), si le domaine est ainsi fait. — § 3. Lorsque de l'eau coule entre deux terrains, chacun devra se clore sur son héritage (4) et aller au devant de l'autre jusqu'au milieu du courant.

XVIII (1). Si quelqu'un a une seule parcelle dans un autre by, ceux qui habitent ce by ont la *vita* (pour déterminer) quelle est son étendue (à la parcelle). On appelle *vitulös* la terre qui n'est point délimitée par des sillons ou des bornes. On ne peut cependant légalement (demander à) faire une preuve qui aurait pour résultat de dépouiller entièrement (le possesseur de la terre *vitulös*) (2).

XIX (1). Celui qui veut déplacer une borne qu'il prétend être mal posée, doit pour cela fixer un siunætting et indiquer un þing et faire fixer un endaghi par jugement. Celui avec

(2) Le c. XL du C. R. dit : « De la moitié de l'échalier. »

(3) Le terme de *græsspæri* s'applique à celui qui, sans avoir clos son pâturage, s'y empare des bestiaux d'autrui et non, ainsi que le prétend Ihre, à celui qui clôt son champ. Comme c'est un terme injurieux, il ne peut servir évidemment à qualifier une personne qui se conforme à la loi. *Sic*, Schlyter, Gl., p. 240.

(4) *Oþal* = fundus vel ager pleno dominio ad aliquem pertinens; Schlyter, Gl. Vg. Celui qui possède un oþal est nommé *eghande*, *iorþegande*, *bonde*, *oþalbonde*. Ceux qui se sont établis sur l'almenning s'appellent *almennings bönder*, par opposition aux *oþalbönder*, mais ils ont les mêmes droits politiques. V. II, Kb. c. VII; IV : 21 : 106.

XVIII. (1) Cp. II, Jb. c. XLIII.

(2) *Vitulös* = qui n'a pas le droit à la *vita*, qui non habet jus probandi vel juramento se defendendi. Cp. *inf.* Lek. note 5.

XIX. (1) Cp. II, Jb. c. XLIV, XLV; Kb. c. LXIII.

qui il est en procès doit prouver avec deux tylpts (2) que la borne est bien posée et non mal posée. — § 1. Celui qui déplace un sillon ou une borne est qualifié parmi les autres hommes de *ormylliæ* (3). Il encourt une amende de trois fois seize örtughs.

XX (1). Si quelqu'un coupe l'herbe d'un pré appartenant à une (autre) personne, s'il (le propriétaire) du pré survient, il doit prendre un rameau, en enlever l'écorce (2) et le mettre en terre. Il y a alors interdit légal (*lagha forbuþ*). On ne peut enlever (le rameau) sans encourir une amende de trois fois seize örtughs. On doit mettre le foin en tas sur le pré, jusqu'à ce que les deux parties soient d'accord.

LIVRE XI.

Comment on doit construire le moulin*

(*Huru myulnu skal gæræ*).

(1). Si quelqu'un veut construire un moulin, il ne doit pas l'établir de manière à détériorer le topt d'une autre personne, ni le champ, ni le pré, ni le chemin d'un autre, ni la *forta* (1) du voisin, ni le moulin qui était construit antérieurement, ni le barrage à poissons. — § 1. On ne doit pas établir de

(2) Le C. R. c. XLIV ajoute « et deux témoins. »

(3) C'est-à-dire, qui déplace la terre végétale.

XX. (1) Cp. II, Jb. c. XLV.

(2) Sur l'emploi du rameau dans la symbolique de l'ancien droit germanique, V. Grimm, p. 133 et s., et l'hypothèse qu'il cite, p. 136, du *baculus excorticatus*.

* Stiernhöök, p. 295 : « Inter edificia necessaria etiam molendinæ merito referuntur de quorum... antiquum jus dat occupantibus sive primum ædificantibus. Cum enim olim sibi quisque in pistrino moleret, magno labore et molestia, nondum cognita et in usum tradita vi ventorum et æquorum, favet iis qui primi tentarunt, sive in communi fundo, sive etiam alieno, adeo ut e vestigio ipsi occupanti in præmium diligentiæ et novæ rei tentatæ, jus aliquod tribuatur ne pelli possit. »

(1) *Forta* = place ouverte dans le village et qui se trouve entre un topt ou une maison et la voie publique; Schlyter, Gl. Vg.

barrage à poissons de manière à détériorer le barrage à poissons d'un autre. On ne peut pêcher dans l'eau retenue par une digue appartenant à une autre personne (sans le consentement) du propriétaire (de la digue). (On ne peut pêcher) dans le réservoir d'une autre personne. — § 2. Si l'emplacement du moulin reste abandonné trois hivers ou plus de trois hivers, si la charpente est pourrie, quiconque le veut peut en prendre possession. Si celui qui possédait le moulin dit que la charpente n'est pas entièrement pourrie, (son adversaire) prouvera avec deux tylpts que la vanne, les poutres et les poteaux du seuil étaient par terre ainsi que les bois qui supportent le canal. On est toujours propriétaire de l'emplacement du moulin tant que la charpente n'est pas entièrement pourrie. Celui-là est propriétaire de l'emplacement du moulin qui, le premier, fait une construction sur un pré appartenant soit à la province, soit au by. — § 3. En cas de contestation entre deux personnes relativement à l'emplacement d'un moulin, chacune prétendant en être propriétaire, on doit ordonner une descente sur les lieux. Celui-là l'emporte qui a le plus de témoins (de son côté). Si les deux parties ont chacune un nombre égal de témoins, la province doit ordonner une descente sur les lieux et statuer entre les deux parties. — § 4. Si quelqu'un établit un moulin dans une eau commune (*almænning vatn*) et si une autre personne possède le pré qui se trouve sur la rive opposée, le tiers de l'eau doit couler librement et (le constructeur) ne peut barrer que les deux tiers. Il ne peut attacher un barrage à la rive opposée s'il n'en a acquis le droit avec toutes les formalités légales (*mæþ fæst ok umfærþ laghæ*). — § 5. Si les voisins viennent à clore l'almenning devant la porte du moulin, il (le meunier) doit demander un chemin pour lui. On doit lui établir un chemin. S'il ne le fait pas et si l'on procède au partage légal des terres et si un autre (que le meunier) reçoit dans son lot le terrain qui se trouve devant la porte du moulin (et qui en bouche l'accès), le moulin devient inutile pour lui. — § 6. Lorsque quelqu'un construit un moulin sur son pré et que le terrain situé sur la rive opposée est un terrain communal appartenant à un autre by, il doit acheter le droit d'attacher son barrage de l'habitant de ce by qui est propriétaire d'une terre en cet endroit (2). — § 7. On ne peut, au préjudice d'un tiers, détourner une eau courante du lit qu'elle occupait antérieurement. — § 8. On ne peut recevoir un immeuble en donation selon (le droit) des donations mobilières (3).

LIVRE XII.

Du vol (*þiuvæ bolkær*)*.

I (1). Lorsqu'une personne accuse une autre de lui avoir volé un cheval ou une autre bête, et que l'on recouvre la bête tuée ou déchirée, (le défendeur) en paiera la valeur (2) en prêtant serment (3), s'il est reconnu coupable, et paiera l'amende du vol plein (4).

II (1). Si un père et son fils commettent un vol et sont pris avec (l'objet volé dans les mains), on pendra le père ainsi que le fils s'il est adulte (*maghandi*) (2). — § 1. Lorsqu'un bryti

(2) Loccenius traduit : « Extruit aliquis molam in prato suo et vicini communionis aliam viam obstruunt ad alios pagos, emet solidam vel continentem terram ab aliis qui eam possident in pago. »

(3) C'est-à-dire, sans les formalités requises pour les donations immobilières la skötning. V. *suprà*, c. I, n. 3.

* « Les dispositions relatives aux crimes contre les personnes font encore une grande part aux idées et aux sentiments de l'époque primitive où la vengeance était l'unique forme de la justice. Il en est autrement des crimes contre la propriété. Le vol, en effet, n'est jamais qu'un acte méprisable et déshonorant. » Dareste, *l. c.* — Le caractère déshonorant n'appartient pas toutefois au *ran*, qui suppose l'emploi de la violence contre les personnes. Cp. *suprà*, I, Md. c. I, n. 2.

I. (1) Cp. II, Þb. c. XVIII.

(2) Celui qui s'approprie une chose mobilière illégalement est donc responsable des cas fortuits.

(3) La Södermannalag, Bb. XIX : 4, fait dépendre l'estimation de l'objet non pas du serment du défendeur, mais de la déclaration d'experts.

(4) Le vol plein, *fulder þiufnaþer,* est celui d'une chose dont la valeur égale ou dépasse un demi-mark ; Schlyter, Gl.

II. (1) Cp. II, Þb. c. XIX, XXI.

(2) *Maghandi*, c'est-à-dire majeur de quinze ans. La loi d'Upland, Kg. X : 1, dit : « Celui-là se nomme *maghandi* qui est âgé de 20 ans. » Mais il faut dire que cette majorité de vingt ans est spéciale au cas prévu par la loi, c'est-à-dire, au paiement des impôts publics. En ce sens, Schlyter, Gl. p. 424.

et un esclave commettent un vol, on doit pendre le bryti et non l'esclave (3).

III (1). Si quelqu'un saisit son voleur nanti de l'objet volé, il lui lie les mains derrière le dos (avec l'objet volé) et on le mène au þing (2) avec deux témoins qui doivent alors témoigner au þing qu'il est le véritable voleur. (Le demandeur) doit jurer au þing avec douze cojureurs qu'il (le défendeur) est un voleur plein, et que par conséquent il doit perdre sa vie (3).

(3) C'est l'application du principe que l'esclave qui commet une infraction de concert avec un homme libre n'est considéré que comme l'instrument de celui-ci.

III. (1) Cp. II þb. c. XXIV-XXVIII; I, Md. c. VIII.

(2) A l'époque primitive, lorsque l'exercice de la vengeance personnelle n'était soumis à aucune restriction, il n'était pas question de régler dans les lois le droit de l'offensé d'arrêter le coupable saisi en flagrant délit. Mais quand on eut soumis l'exercice de la vengeance à la condition d'un jugement préalable de condamnation par le þing, il fallut accorder formellement à l'offensé le droit de se saisir du coupable (Nordström). L'arrestation était le premier acte de la vengeance qui ne pouvait plus être consommée qu'après le jugement du þing. Le droit de saisir le criminel surpris en flagrant délit et de le mener au þing abrégeait d'ailleurs la procédure en rendant toute citation inutile (V. I þb. c. III; II þb. c. XXIV; Dr. c. XIX). Relativement au droit d'arrestation, notre loi fait une distinction entre les personnes domiciliées, *bolfaster,* et celles qui ne le sont pas. III : 70 : « On ne peut arrêter une personne domiciliée pour quelque infraction ni la mettre en prison, à moins (qu'il ne s'agisse) d'un assassin, d'un voleur, d'un *prædo* (*rövare,* qui commet une rapine, rān), et d'un proscrit. » Nordström estime toutefois, en se fondant sur III, 68 et 69, que le délinquant, même non domicilié, doit être laissé en liberté, lorsqu'il offre une caution qui répond de la représentation du défendeur devant ses juges et qui, en cas de contumace du délinquant, répond à sa place des conséquences de l'infraction. Cette conclusion ne nous paraît point sûre. V. les textes précités. — L'offensé qui pouvait user du droit d'arrestation devait retenir le coupable dans sa maison ou dans un local quelconque, car notre loi ne parle point de prisons communales; il n'était pas obligé de le garder plus de trois jours (V, II þb. c. XVII). L'arrestation du coupable est non-seulement un droit, mais encore un devoir pour tout citoyen, II, þb. c. XXVIII (Cp. I, Md. c. VIII; II Dr. c. XIX). La loi punit les complices de l'évasion du coupable, I þb. c. V : 1; II þb. c. XXXII. Par contre, toute arrestation injuste est sévèrement punie, II þb. c. IV. Le droit d'arrestation ne peut plus s'exercer lorsque le coupable a pu regagner son domicile; il a droit alors à la paix domestique (*Hemfriþer*). L'inviolabilité du domicile cesse cependant en cas de ransakning, V, I þb. c. V-VII.

(3) Dans les lois provinciales, la mise à mort du coupable n'apparaît point avec le caractère d'une peine publique qu'elle a dans les sociétés modernes; c'est simplement l'exécution d'une vengeance personnelle.

Puis on doit le condamner à la décapitation et à la pendaison, à la mort et au supplice des voleurs (et juger) qu'il peut être tué impunément par le demandeur sans que ses héritiers puissent intenter d'action (4), et (sans qu'il soit dû d'amende) ni à l'église, ni au roi. — § 1. Lorsque le voleur est appréhendé sur le chemin, et non par celui au préjudice de qui il a commis le vol, il (celui qui a appréhendé le voleur) doit l'emmener chez soi et envoyer un messager à celui qui a été volé. S'il a arrêté le véritable voleur, il reçoit un mark pour le voleur et deux öres pour l'objet volé. Si celui qui a été volé dit que la chose volée n'est pas la sienne et que celui qui a appréhendé le voleur n'a pas arrêté le voleur (de sa chose), le voleur est condamné au þing à être remis au représentant du roi (5). Le propriétaire (qui a arrêté le voleur) peut impunément relâcher le voleur au þing. — § 2. Si quelqu'un trouve sur le chemin le voleur d'une autre personne et non le sien, et le laisse libre contrairement à la loi, il est qualifié de complice du vol (6).

IV (1). Ainsi qu'il est dit dans la loi, il y a trois voleurs. Le premier est celui qui vole et prend, le second (est celui qui) procure au voleur l'occasion de voler, le troisième (est celui qui) recèle. Ils sont tous soumis à la même action (2). — § 1. Il y a trois (cas où le) voleur ne peut pas se défendre (*vitulös*). Le premier est celui où il est pris ayant dans les mains l'objet volé; le second est celui où l'on trouve chez lui l'objet volé après enquête (*or husi draghær*); le troisième est celui où il est légalement convaincu d'avoir l'objet volé en sa possession, sans pouvoir prouver la légitimité de son acquisi-

(4) Ce passage offre, dans le texte vestrogoth, un exemple des allitérations et des formules rhythmiques que l'on rencontre fréquemment dans la rédaction des anciennes lois suédoises :

Til hogs oc til hangæ
Til draps oc til döpæ
Ugildæn firi arvæ
Ok æflimælændæ.

(5) *Konongsgarþer* est le même que le bryti du roi. Il peut faire du voleur ce qu'il veut.

(6) Cp. III : 115, en note, *suprà*, Rb. c. XII, n. 2. — Cp. L. Wisigoth. VI, 2, c. 20. V. Wilda, p. 636.

IV. (1) Cp. II þb. c. XXIX.

(2) Le complice du vol, à la différence du complice du meurtre, est donc assimilé à l'auteur principal.

tion (3). Aucun (de ces trois voleurs) ne peut se défendre contre l'action de vol (4). — § 2. Il y a trois voleurs qui ont le droit de se défendre. Le premier (dit) : « Je n'ai pas volé ton bien (mobilier) et je ne me suis pas rendu coupable de vol. » Le second (dit) : « Je n'ai pas procuré au voleur l'occasion du vol (5). » Le troisième (dit) : « Je n'ai point recélé cet objet volé (6). » Et (chacun d'eux) se justifiera comme il est dit.

V (1). Lorsque quelqu'un est volé, que l'on suit les traces du voleur et qu'on les perd, on doit d'abord interroger les habitants du by (2). (Le demandeur) doit convoquer les voisins qui doivent se joindre à lui. Si les traces ne conduisent pas hors du by, on doit procéder à la perquisition domiciliaire (*ranssakæ*). Les voisins ne peuvent pas se refuser à la perquisition. Les voisins doivent d'abord aller à la maison la plus proche, si elle est suspecte. Il (le demandeur) doit appeler au dehors (le propriétaire de la maison) et requérir la perqui-

(3) Littéralement « où l'objet volé est conduit à la maison et à la barrière, » allusion à la procédure indiquée *infrà,* c. VIII : 1. — Cp. C. R. þb. c. I, note 3 sur la *lagha leþsn.*

(4) Lorsqu'une des trois circonstances indiquées au texte est établie, le voleur n'a plus le droit de prouver (serment confirmé par des cojureurs) qu'il n'est pas coupable. Cette différence de sévérité entre le vol manifeste et le vol non manifeste se retrouve dans les lois grecques, romaines et barbares. « A coup sûr, remarque très justement M. Dareste, *l. c.*, toutes ces ressemblances ne sont pas fortuites, et toutes ces législations qui s'éclairent et se complètent réciproquement ne sont en définitive que l'expression d'une seule et même idée. Reste à expliquer cette idée, et ce qui n'est pas le plus facile, car, comment comprendre que le même fait soit puni plus ou moins sévèrement, suivant que l'auteur est pris ou non en flagrant délit? Dans l'un et l'autre cas, il est également coupable. Pourquoi n'est-il pas également puni? Le sens de cette vieille loi était déjà perdu au temps de Gaius, qui la traite de ridicule. Peut-être s'en serait-il moins égayé, s'il avait pu se reporter aux temps héroïques, à l'époque où, pour la première fois, le législateur était intervenu pour faire cesser les guerres privées et maintenir la paix entre les membres de l'État. Il aurait compris que la peine se substituait à la vengeance de la partie lésée, et que, dès lors, elle avait dû se mesurer moins à la culpabilité de l'agent qu'au ressentiment de la victime. »

(5) Le c. XXIX du C. R. ajoute : « Et ce n'est pas par ma faute que tu as perdu cela. »

(6) Le c. XXIX du C. R. ajoute : « Et je n'ai point usé de ta chose. »

V. (1) Cp. II þb. c. XXX, XXXII, XXXIII.

(2) Pour savoir si les traces du voleur s'éloignent du village.

sition. Le propriétaire ne peut refuser la perquisition s'il est lui-même à la maison. Il doit ouvrir son *invistær hus*, c'est-à-dire les greniers où l'on serre les grains, les magasins à vivres et les chambres à coucher, car ces trois locaux sont compris dans (l'expression) *invistær hus*. Les autres locaux, soit granges, soit étables, c'est l'*uthus*, bien qu'il y ait une serrure. — § 1. Le propriétaire doit ouvrir sa maison. Alors celui qui a perdu son bien et un autre avec lui (doivent) pénétrer dans la maison s'ils ont confiance tous les deux. Ils doivent être tous deux sans manteau, la ceinture dénouée, les pieds nus et le pantalon lié au genou, et entrer ainsi (3). Puis ils font leur perquisition. S'il (le demandeur) trouve l'objet volé sous clef et sous serrure, ou caché sous la paille, alors celui-là (le propriétaire de la maison) est le voleur, et l'on peut impunément lui prendre l'objet volé, parce qu'il est le véritable voleur et qu'il ne peut en aucune façon se soustraire légalement à l'action. S'il veut avouer qu'il est le véritable voleur, alors le propriétaire (volé) qui poursuit l'action a le droit de recevoir une amende pour le dommage qu'il a subi, (il reprend) aussi son bien et en outre il a ce que dit la loi. Alors le propriétaire (volé) peut composer (4) impunément avec lui, néanmoins pas avant d'être devant le hæraþshöfþingi (5), à moins qu'il (le voleur) ne donne caution pour cela. Le voleur doit payer son amende au roi et au hæraþ, ainsi que dit la loi. S'il ne veut pas avouer, on doit lui lier les mains derrière le dos (avec l'objet volé) et le mener au þing. On ne peut auparavant le laisser échapper sans payer une amende de qua-

(3) Il est très curieux de retrouver pour la perquisition les mêmes formalités dans l'ancien droit scandinave (les lois mérovingiennes sont à peu près analogues sur ce point aux lois suédoises), et dans les lois grecques et romaines (Platon, *De legibus*, XIII). Gaius, III, 193, dit à propos de la perquisition *per lancem et licium* : « Ea lex tota ridicula est, nam quem vestitum quærere prohibet... » Les formalités prescrites s'expliquent très bien, au contraire, par la crainte du législateur que le demandeur ne cache quelque chose sur lui pour faire croire au vol, qu'il n'apporte chez le défendeur un *abyrd*, suivant l'expression de notre loi (*infrà*, c. VIII). Les lois salique, t. XL, ripuaire, t. XLVII, et burgonde, t. XVI, ne prescrivent pas de formalités *de investigandis animalibus*. Cp. Grimm, p. 639 et s. et Wilda, p. 303 et s.

(4) « Publiquement, » ajoute le C. R.

(5) Cp. pour l'analogie des lois franques et germaines, Wilda, p. 304.

rante marks. Si quelqu'un enlève avec violence à une personne le voleur (qu'elle a) lié, elle doit prendre à témoin (*skirskutæ*) les premières personnes dans le premier by qu'elle a été dépouillée avec violence de son voleur et qu'en raison de ce fait il doit payer une amende de quarante marks (6). — § 2. Lorsque l'on trouve (l'objet volé) dans une boîte, une cassette ou un écrin dont la maîtresse de la maison a la clef, c'est alors la maîtresse de la maison qui est le voleur. Si le mari ne veut pas payer l'amende légale, on doit appréhender la femme et lui lier les mains derrière le dos, et la mener au þing de la province ou du hæraþ. Si le mari veut racheter sa femme en payant l'amende légale (7), on doit mettre la femme en liberté, parce que la femme est mineure; elle ne peut être ni décapitée ni pendue, si ce n'est pour sorcellerie.

VI (1). Lorsqu'un propriétaire est à la recherche de son bien et qu'on s'oppose à ce qu'il fasse la perquisition (*ranssak*), il doit la requérir avec des témoins, parce qu'il ne peut pas la lui refuser lorsqu'il est lui-même à la maison. S'il (le défendeur) lui refuse la perquisition, il devient par là même suspect de vol (2). Alors il (le demandeur) doit prendre les voisins à témoin que la perquisition lui est maintenant refusée et (il peut) appeler (le défendeur) son voleur, parce qu'il lui a refusé la perquisition. Si (le défendeur) nie, le demandeur doit le dire à son hæraþshöfþingi; celui-ci doit convoquer un þing et constituer un næmd et demander pourquoi il a refusé la perquisition. S'il dit qu'il n'est point voleur, il doit payer une amende de trois fois seize örtughs. — § 1. Si l'amende a été prononcée parce qu'il a refusé la perquisition,

(6) Le C. R. c. XXX, porte : « Une amende de neuf marks au roi et d'autant au hæraþ.

(7) Le mari est le représentant légal de la femme en justice, soit pour exercer les actions de sa femme, soit pour répondre à celles qui sont dirigées contre elle. V, II þb. c. XXXIII; add. XI : 8. La loi d'Ostrogothie, Gb. VII : pr. pose, à la différence de notre loi, un principe général à cet égard : « Si les deux époux sont bénis et vont publiquement dans le même lit..., la femme est alors venue dans tous les droits du mari (*communicatio juris* de Modestin?) et il a à la fois à répondre (en justice) et à poursuivre (*sökia*) pour elle. »

VI. (1) Cp. II þb. c. XXXIV.

(2) *Sic*, leges Burg. Rip. Bajuv. Cp. Wilda, *l. c.*

la cause reste ouverte sur ce point qu'il a été appelé voleur; il doit se justifier avec deux tylpts et par le serment de quatre personnes jurant avant la tylpt. S'il échoue dans sa preuve, il paiera l'amende indiquée par la loi.

VII (1). S'il s'agit d'une maison *utvistar* (2), si celui qui a perdu son bien se porte demandeur (disant) : « Puisque ceci (l'objet volé) est venu ici, tu es l'auteur du vol ou bien ce serviteur que tu as à défendre en justice (3), » alors le défendeur est obligé de faire sa preuve en jurant avec deux tylpts et le serment préalable de quatre personnes que « ceci est venu ici à mon insu et sans ma volonté, et sans le fait de ce serviteur dont j'ai à défendre la cause en justice; c'est un *abyrd* (4) et je n'ai pas commis le vol. » — § 1. Si un propriétaire accuse quelqu'un d'avoir apporté dans sa maison un objet volé (*abyrd*), (le défendeur) se justifiera avec deux tylpts.

VIII (1). Celui qui trouve ses bestiaux (volés chez une autre personne) doit pour cela demander une caution (2). Le propriétaire (chez qui on trouve la chose volée) ne peut refuser la caution sans encourir une amende; le propriétaire doit alors prier quelqu'un d'être sa caution (*kvarsætu tak*) (3) pour l'objet volé. (Le demandeur) doit alors fixer un siunætting chez celui qui a donné le cautionnement et se rendre au siunætting chez celui qui a le cheval (volé) entre les mains. — § 1. On doit conduire l'objet volé au troisième vendeur (4). Le troisième

VII. (1) Cp. II þb. c. XXXV, XXXVII.

(2) Synonyme de *ulhus*. V. *suprà*, c. V : pr.

(3) Cp. pour la responsabilité du maître relativement aux infractions commises par les personnes de sa maison (*hion*), II þb. c. XXXV; add. XIII : 2; III : 76; IV : 19 : 1; IV : 21 : 35.

(4) Translation clandestine d'un objet volé dans la maison d'un tiers.

VIII. (1) Cp. II þb. c. XXXIX.

(2) Originairement, celui qui trouvait quelque part un objet mobilier lui appartenant pouvait s'en saisir immédiatement. Mais la possession ne tarda pas à être protégée. Aussi notre loi autorise-t-elle seulement le revendiquant à exiger du possesseur une caution.

(3) *Kvarsætutak*, caution garantissant la représentation pendant l'instance de la chose volée qui a été trouvée chez le défendeur. Cette caution n'est nullement un séquestre. V. *infrà*, c. IX, note 4.

(4) Le contrat de vente entraîne obligation de garantie à la charge du vendeur. Lors donc que l'acheteur est inquiété par un tiers (comme dans l'hypothèse supposée au texte où le tiers se prétend volé), voici comment les

vendeur doit racheter (*lösa*) (5) sa chose ou jurer avec une tylpt et deux témoins que « l'animal est né à la maison, qu'il y a bu et tété le lait à la mamelle de sa mère, et que j'en suis propriétaire et que tu n'en es pas propriétaire. » S'il ne veut pas faire ce serment, alors celui qui a reconnu sa bête doit jurer avec le serment d'une tylpt et deux témoins que « cet animal m'a été volé et que je ne l'ai pas reconnu avant aujourd'hui, que j'en suis propriétaire et non toi. »

choses vont se passer. L'acheteur (ou, suivant les cas, le *vin*, sur l'assignation de l'acheteur) appelle le vendeur en garantie. Lorsqu'il s'agit d'un objet mobilier, on mène cet objet chez le vendeur, *leþa til sala*. Le vendeur ou, comme nous allons le voir, son auteur, est constitué possesseur de l'objet litigieux et devient défendeur à l'action en revendication. Il doit alors prouver la légitimité de sa possession en établissant qu'il existe à son profit un mode d'acquisition soit originaire, soit dérivé. Pour établir l'existence d'un mode du dernier genre, le garant se retourne lui-même contre son auteur, et celui-ci, à son tour, contre son auteur, et ainsi de suite, jusqu'à ce que l'on puisse prouver la légitimité de la possession. Dans notre loi, le nombre de ces recours successifs est limité à trois (*til triþia sala*). Lorsque le vendeur (ou son auteur, le cas échéant), a prouvé la légitimité de sa possession, il prête serment qu'il a vendu à l'acheteur originairement actionné. Ög. Es. XIV : 1. La sanction de l'obligation de garantie est indiquée III : 150 : « Si l'on vend un immeuble dont l'acheteur est évincé (*uhemulæ iorþ*), on paiera une amende de trois fois neufs marks; si l'on vend une autre chose dont l'acheteur est évincé, on paiera une amende de trois fois seize örtughs. » — III : 81 vise une autre hypothèse de garantie : « Tout fondeur de fer qui vend de mauvais fer paiera une amende de trois fois seize örtughs, et, s'il n'a pas de marque particulière, il paiera aussi trois fois seize örtughs. » — Cp. Amira, p. 559, 560.

(5) *Lösæ*, traduit par Schlyter, Gl. Vg. : « Rem suam, furto ablatam vel amissam, posteaque in alienis manibus inventam, dominium suum probando recipere. » — Il ne nous paraît pas que ce soit ici le sens de lösæ. Voici, en effet, ce qui arrive. Le défendeur à l'action de vol doit, avons-nous dit (*suprà*, n. 4), établir l'existence à son profit d'un mode originaire ou d'un mode dérivé d'acquisition. Il établit l'existence du premier mode en jurant (pour prendre l'exemple de notre loi tiré du vol d'un animal et qui n'a rien de limitatif), que « l'animal est né à la maison. » Il établit l'existence d'un mode dérivé en prouvant qu'il a acheté la chose en présence de témoins et d'un vin (V. *infrà*, c. XIX). S'il fait cette preuve qui est, à notre avis, caractérisée par le mot *lösa* (par opposition à ce qui suit), il échappe alors aux conséquences pénales de l'action de vol. Mais le revendiquant peut ne pas s'en contenter, et, dans ce cas, l'acheteur, défendeur non plus à l'action de vol, mais à l'action en revendication, appelle en garantie son vendeur (note précédente). Celui-ci doit, à son tour, ou lösæ ou jurer, et ainsi de suite.

IX (1). Lorsqu'on trouve ses bestiaux sur la voie publique, celui qui les a entre les mains doit donner comme caution (*brötærtak*) (2) une personne domiciliée garantissant que (l'objet litigieux) sera représenté dans la demeure du défendeur après sept nuits. Puis celui-là doit poursuivre qui a reconnu son bien. On doit alors demander pour cela une caution (*kvarsætu tak*) (3) domiciliée. Lorsqu'on reçoit une caution (*taksætær*) (4) pour une chose que l'on a perdue par suite d'une rapine, on doit racheter (*lösa*) son bien là où il a été trouvé, sinon prêter serment (*fylswat*) (5). La caution doit présenter l'animal ; si elle ne vient pas (au lieu fixé), le cautionnement n'est pas légalement observé et il (le fidéjusseur) doit payer deux (trois) fois seize örtughs ou se justifier avec le serment d'une tylpt et deux témoins.

X (1). Si quelqu'un reconnaît ses bestiaux entre les mains

IX. (1) Cp. II þb. c. XL, XLI.

(2) *Brötærtak*, caution qui garantit la représentation de l'objet litigieux au siunætting chez le possesseur.

(3) V. *suprà*, c. VIII, n. 3. Il y a donc constitution successive de deux cautions, le *brötærtak* et *kvarsætutak*.

(4) Schlyter, Gl. Vg. traduit *taksætia* = fidejussionem accipere (pro re sua furto vel rapina sublata et postea in aliena custodia inventa.) Mais Gl., p. 638, il traduit ce mot par « confier à la garde d'un tiers, à un séquestre. » La première traduction nous paraît préférable. En effet, il résulte des c. XII : pr. et XVII, *infrà*, que la chose litigieuse à laquelle se réfère le *taksætia* reste, jusqu'à la fin du procès, non point entre les mains du *taki* (fidéjusseur), mais entre celles de celui qui a fourni la caution (En ce sens, Amira, p. 694). Il ne saurait donc être question de séquestre.

La caution est tenue comme le débiteur principal. Le créancier peut s'adresser à elle directement sans être obligé de poursuivre préalablement le débiteur principal. C'est pour cela que notre loi permet d'assigner d'abord la caution, quoique le siunætting doive avoir lieu à la maison du débiteur principal. C'est à cet endroit que doit se rendre la caution et, là encore, le créancier peut s'adresser directement à elle pour lui réclamer la production de l'objet litigieux. Amira, p. 696 et s. — Par exception au principe ci-dessus, la caution qui garantit la paix conclue entre deux parties à la suite d'un crime est tenue moins sévèrement que la partie qui la viole; la caution paie une amende de trois fois neuf marks, tandis que le coupable est proscrit. V. III : 68.

(5) *Fylswat*, serment dont la formule est rapportée au c. VIII, « que l'animal est né, etc. »

X. (1) Cp. II þb. c. XLII, XLI. Cp. pour le sens de ce c. X, le c. VIII et le C. R.

d'une autre personne, et que celle qui les a entre les mains prétend les avoir prises à titre de prêt, celui qui prétend être propriétaire doit poursuivre et demander une caution à celui qui a (l'objet litigieux) entre les mains. Il (le défendeur) ne peut refuser sans se rendre passible de l'amende légale. Lorsqu'on reçoit une caution (*taksætær*) (pour une chose que l'on a perdue) par suite d'une rapine, on doit racheter (*lösa*) sa chose là où elle a été trouvée ou prêter serment (que l'animal est) né à la maison. On doit fixer un siunætting pour racheter (*lösa*) son bien avec les témoins légaux, si l'adversaire ne s'est point légalement défendu à cet égard.

XI (1). Il y a trois cautions légales. La première est le brötartak garantissant que l'objet litigieux sera représenté dans la maison (du défunt). La seconde est le kvarsætutak chez qui les deux parties sont d'accord (pour déposer l'objet litigieux). La troisième est le *skiælatak* (2) devant (le þing de) la province et le laghmann. Un propriétaire ne peut refuser ces cautions à un autre sans encourir l'amende légale (3).

XII (1). Si quelqu'un reçoit une caution (*taksæter*) pour son bétail et que celui qui l'a entre les mains prétend l'avoir acheté d'un étranger et que le *vin* (2) est de la province (Vestrogothie), il (le demandeur) doit fixer un siunætting chez lui (le vin). Celui qui a le bétail entre les mains doit envoyer un messager à son vendeur. S'il vient et veut prouver (que l'animal est) né à la maison, il a la vita à cet égard. S'il ne vient pas (3) alors il (celui qui a reçu la caution) doit prouver sa propriété avec le serment d'une tylpt et deux témoins. — § 1. S'ils sont tous deux étrangers (4) ceux qui ont conclu la vente, on doit fixer le rendez-vous au quatorzième jour. Tous doivent alors venir à la frontière la plus proche de la province,

XI. (1) Cp. II þb. c. XLIII, et *suprà*, c. VIII et IX.

(2) Caution relative à une chose litigieuse et qui paraît avoir été fournie lorsqu'un procès était déféré au laghmann.

(3) « De trois marks, c'est-à-dire de deux marks, » ajoute le c. XLIII du C. R.

XII. (1) Cp. II þb. c. XLIV, XLV.

(2) *Vin*, v. *infrà*, c. XIX et note 2.

(3) « Il n'a pas la *vita*, » ajoute le c. XLIV du C. R.

(4) « De Nerikia, d'Ostrogothie ou de Småland, » ajoute le C. R., *l. c.*

le vendeur et le vin, et celui qui a (l'objet litigieux) entre les mains et celui qui revendique. Là on doit justifier que l'animal est né à la maison *ou racheter (l'objet litigieux) conformément à la loi* (5). — § 2. En cas de vente conclue (entre deux personnes) dont l'une (demeure) dans notre province et l'autre au delà de la forêt de Kiægla (6) ou en Danemark, le rendez-vous doit être fixé à un mois et (l'objet litigieux) est mené à la frontière de la province et l'on fait l'une de ces deux choses : ou bien on rachète (*lösa*) (l'objet litigieux) comme le dit la loi, ou bien celui qui l'a entre les mains prouve (que l'animal est né à la maison). Telle loi et tel droit les étrangers nous font, tels nous voulons les leur faire.

XIII (1). Si quelqu'un perd sa bête, la rachète et ne la reconnaît pas alors, (mais) la reconnaît ensuite, son vin doit avertir celui qui lui a vendu l'animal d'avoir à le lui restituer et celui qui a payé par erreur le prix de l'animal (doit) le revendiquer et on doit ensuite conduire l'animal au troisième vendeur (2) qui doit prêter serment (*fylswaþ*) ou racheter (*lösa*), la chose conformément à la loi. Lorsqu'un de nos compatriotes (vestrogoth) reconnaît son bétail dans une autre province ou lorsqu'un étranger (reconnaît le sien) dans notre province, on doit fixer un siunætting et racheter (*lösa*) son bétail en présence de trois personnes : la première doit être celle qui revendique la bête; la seconde un de ses compatriotes et la troisième de la province où il a reconnu la bête. Si l'on rachète (*lösa*) (l'animal), celui qui l'a entre les mains doit le relâcher avec cette preuve, à moins qu'il ne veuille établir avec le serment d'une tylpt « que c'est dans mon enclos que l'animal est né et que j'en suis propriétaire et non toi. » S'il ne peut prêter ce serment, l'autre partie doit prouver avec trois

(5) Les mots en italiques ne se trouvent pas dans le C. R., *l. c.*

(6) « Ou du bois de Kolmarþ, ou en Norwège, » ajoute le C. R., c. XLV. — La forêt de Kiægla se trouve sur la frontière de la Néricie et du Westmannland.

XIII. (1) Cp. II þb. c. XLVI, XLVII.

(2) Loccenius traduit ainsi : « Si quis amittat jumentum suum illudque non recognoscens emat ab alio, postea vero recognoscat, proxeneta ejus præsto erit (?) et restituet alteri jumentum ipsi venditum et litem movebit de eo jumento pro quo verus possessor pretium solverat et ducet ad tertiam venditionem. »

personnes « qu'elle est propriétaire de l'animal et non toi. » On doit mener l'animal au troisième (vendeur), ou payer l'amende comme le dit la loi.

XIV (1). Celui qui trouve le bétail d'autrui lié par le voleur ou qui en chasse (le voleur) doit le publier comme le dit la loi et se mettre (ainsi) à l'abri de l'action de vol. S'il (le propriétaire) survient et reconnaît son animal, il (l'inventeur) doit jurer avec une tylpt et deux témoins « que Dieu me soit propice et à mes cojureurs que j'ai trouvé ton animal dans les mains du voleur ou que j'en ai chassé le voleur et qu'ains je mérite une récompense (*unningiæ*) (2) et que j'ai publié (ma trouvaille) devant les premières personnes que j'ai rencontrées et au premier by, et au troisième þing et qu'ainsi j'ai le droit d'échapper à l'action de vol (3). » Alors celui qui a reconnu sa bête doit se présenter et jurer que « cette bête m'a été volée et que je ne l'ai jamais reconnue avant ce moment que j'en suis propriétaire et que tu ne l'es pas. » Alors celui qui a racheté (*löst*) sa bête doit payer deux öres de récompense pour un cheval s'il le trouve en dehors du hæraþ et un öre s'il le rachète dans le hæraþ et non davantage, parce qu'il y aurait plus d'une personne là.

XV. En cas de vol d'une jument qui n'était pas pleine, mais qui le devient depuis qu'une autre personne l'a achetée, s'il (le propriétaire) vient à la retrouver, il doit recevoir une caution (*taksætiæ*) et fixer un siunætting et racheter (*lösa*) sa (bête) conformément à la loi. S'il ne prête pas serment (*fylsvat*) pour (cela) celui-là doit avoir le poulain chez qui il est né.

XVI. Si quelqu'un vole un esclave ou une esclave, ou si le

XIV. (1) Cp. II þb., c. XLVIII, XLIX.

(2) Cp. la *delatura* de la loi salique, XVIII, LVII, 7 et LVIII; Loi ripuaire, LXXXV, 1, LXXXVIII; Loi burg., VI, 1, XVI, 3; Loi visig. VII, 2, 40. — V. Wilda, p. 300 et s.

(3) Le c. XLIX du C. R. commence ainsi : « S'il (le demandeur) conteste (l'affirmation de) celui qui a trouvé sa bête et s'il dit que celui qui l'a entre les mains n'a pas publié (sa trouvaille) comme le prescrit la loi, alors il (l'inventeur) doit jurer avec une tylpt et deux témoins qu'il a publié l'animal comme le prescrit la loi, et qu'en conséquence il ne doit pas être qualifié de voleur. » La suite comme au texte du c. XIV, C. A.

XV. (1) Cp. II, þb. c. L.

XVI. (1) Cp. II, þb. c. LI.

propriétaire le suit et recouvre son bien et prouve que celui qu'il désigne comme le voleur a eu l'objet volé en sa possession sans pouvoir établir la légitimité de son acquisition, (le défendeur) ne peut pas légalement se soustraire à l'action de vol. Il doit lui payer (au demandeur) pour cette action de vol quatre marks moins huit örtughs, autant au roi et autant au hæraþ.

XVII. Si quelqu'un trouve son esclave (homme ou femme) et prétend en avoir été dépossédé par vol ou par rapine, il doit recevoir une caution (*taksætiæ*) et fixer un siunætting chez celui qui a cautionné. La caution doit dénoncer le siunætting à celui qui a (l'esclave volé) entre les mains. Celui-là a la vita qui a (l'esclave volé) entre les mains, s'il y a des témoins. Il doit prouver avec le serment d'une tylpt et deux témoins que l'esclave est né à la maison, (jurant) « que Dieu me soit propice et à mes cojureurs, que j'ai nourri (cet esclave) dans ma maison, qu'il a bu et tété le lait de sa mère, qu'il y a été enveloppé de vêtements et mis dans le berceau et qu'ainsi j'en suis propriétaire et non toi. » S'il échoue dans sa preuve, alors celui qui a reçu la caution pour son bien doit jurer avec une tylpt et deux témoins que « cet homme ou cette femme m'ont été enlevés par vol ou par rapine, que je ne l'ai jamais reconnu avant ce moment, que j'en suis propriétaire et que tu ne l'es pas. »

XVIII (1). Si quelqu'un prend un esclave fugitif (homme ou femme) il doit le publier comme le dit la loi; (le propriétaire de l'esclave) doit lui payer, comme récompense, deux öres dans l'intérieur de la province et un demi-mark hors de la province. Il doit prouver son droit de propriété conformément à la loi.

XIX (1). La vente d'un esclave ou d'une esclave doit se passer en présence du vin (2). Le propriétaire (3) est prié

XVII. (1) Cp. II þb. c. LII.
XVIII. (1) Cp. II þb. c. LIII.
XIX. (1) Cp. II þb. c. LIV-LVII.

(2) Le vin doit, comme l'indique son nom (ami), être une personne connue des deux contractants. Son rôle dans le contrat est exprimé soit par le verbe *vinga*, soit par les substantifs *vingan* et *vinsorþ* (mot du vin). D'après la Landslag, þb. c. XIV, le vin doit « répondre que ceci est légalement acquis pour quoi il est vin vis-à-vis de lui (l'acheteur). » Lorsque l'acheteur est ac-

d'être vin (*til vinorps bipin*) par les deux parties et par celui qui vend et par celui qui achète. Celui-là qui en est prié doit assister à la vente en qualité de vin. Le propriétaire (vin) doit répondre de celui qui a vendu un esclave (homme ou femme) vis-à-vis de l'acheteur pendant le mois suivant pour l'épilepsie *et toujours pour la paix publique* (4). — § 1. On doit prendre un vin dans toutes les ventes pour pouvoir se purger de l'accusation de vol dans toute vente. S'il (le demandeur) veut l'appeler voleur, le vin doit rendre témoignage et en même temps (le défendeur) doit jurer avec une tylpt que « j'ai acheté ce meuble avec un vin et des témoins, conformément à la loi, et que, par conséquent, je ne suis pas coupable de ce dont tu m'accuses. » — § 2. On doit acheter avec un vin et des témoins les chevaux, les bœufs ou les vaches et les bêtes à cornes, les étoffes confectionnées et les armes montées (5). —

tionné en revendication par un tiers, il doit s'adresser au vin pour que celui-ci amène la comparution du vendeur dans le procès (Cp. *suprà*, c. XII pr. et Ög. Vins. c. VI : pr.). Lorsque le vin ne peut pas amener la comparution du vendeur, l'acheteur est évincé, et, d'autre part, l'acheteur ne peut se purger de l'accusation de vol qu'en produisant le vin et les témoins de la vente (I pb. c. XIX : 1 et Ög. Vins. VI : pr.) Si l'acheteur est évincé après avoir régulièrement mis le vin en cause, celui-ci doit lui rembourser le prix de la vente (Ög. Vins. VI : 2), règle déjà admise par les lois de Platon (Lois, XII : 7). — Le but principal de l'intervention du vin n'est pas d'amener les deux parties à conclure la vente (Loccenius et Schlyter, Gl. Vg. traduisent vin par *proxeneta*), mais de fournir à l'acheteur un cautionnement (Amira, p. 349). D'un autre côté, la présence du vin oblige seule le vendeur à la tradition, car ce n'est que sous cette condition que, à la mort du vendeur, les meubles non encore livrés sont exempts de la dîme ; III : 99 ; IV : 21 : 107. Aussi Amira estime-t-il que la participation du vin à certaines ventes mobilières est un *essentiale negotii*. — Dans les anciennes lois danoises, on retrouve également le vin et les témoins dans certaines ventes.

(3) *Bonde*. La mission du vin étant d'assurer l'acheteur de la validité du contrat, on comprend que la loi exige qu'il soit propriétaire dans la province (*suprà*, c. XII : pr.).

(4) C'est-à-dire pour le cas où l'esclave commettrait un délit attentatoire à la paix publique. — Les mots en italiques ne se trouvent pas dans le c. LIV du C. R. — Dans les deux hypothèses prévues au texte, la loi semble ne pas admettre le droit de résiliation de l'acheteur, mais un simple recours en garantie.

(5) La vente de l'almenning est assimilée à celle des meubles cités au texte, II, Add. XI : 11. Cp. II, Ab. c. VIII. — La *datio in solutum* d'un meuble

§ 3. Quant aux armes non montées, aux étoffes non confectionnées, à tout ce qui se trouve dans les boutiques ou est acheté sur le marché, dans les boutiques ou en dehors, *si quelqu'un revendique ces objets* (6), il (le défendeur) doit avoir le témoignage de deux personnes et jurer avec une tylpt qu'il les a achetés sur le marché et qu'il ne les a donc pas volés (7).

LIVRE XIII.

DES ACTIONS RELATIVES AUX FORNÆMI (*Fornæmix sakir*)*.

I (1). *Il y a plusieurs actions relatives aux fornæmi* (2). L'une d'elles est (intentée) lorsque quelqu'un prend sans en avoir la permission dans un pâturage l'un des deux chevaux de l'attelage d'autrui, laboure ou chevauche avec; il est alors passible d'une amende de trois fois seize örtughs.

II (1). Si quelqu'un abat, sans en avoir l'autorisation, un chêne qui porte des glands, il est passible d'une amende de six öres. S'il en abat trois ou plus de trois, c'est une affaire de trois fois seize örtughs. Si quelqu'un abat un arbre non fructifère (2), c'est une affaire de huit örtughs à moins que la

paraît, en ce qui concerne la présence du vin, assimilée à la vente, II, Add. II : 6.

(6) Les mots en italiques ne se trouvent pas dans le C. R., c. LIV.

(7) La distinction faite par notre loi entre les divers meubles rappelle la division du droit romain entre les *res mancipi* et les *res nec mancipi*, et s'explique probablement par des raisons analogues. Cp. Lex Bajuv., XV : 12. Grimm, p. 608.

* Le *fornæmi* (*de næma,* prendre) c'est, d'après Schlyter (Gl. Vg.), l'usage ou la dépossession illégale d'une chose appartenant à autrui, sans que cependant l'infraction se commette secrètement, comme en cas de vol, ni avec violence, comme en cas de rapine. — Parmi les *fornæmis sakir,* on trouve aussi compris (Vg. IV : 6) l'enlèvement par le propriétaire de sa propre chose dont il avait concédé la jouissance à une autre personne.

I. (1) Cp. II, Fb. c. II.

(2) Les mots en italiques ne se trouvent pas dans le C. R.

II. (1) Cp. II, Fb. c. VII, III-VI, XIV.

(2) Nous estimons qu'il faut entendre par arbres fructifères les chênes qui sont pour presque tous les peuples anciens les plus nobles des arbres, en raison de la qualité du bois et du fruit qu'ils donnent pour la nourriture du

forêt ne soit en interdit (3) auquel cas il paie une amende de trois fois seize örtughs. — § 1. Si quelqu'un rencontre une personne ayant chargé (sur sa voiture) des bois abattus et les revendique disant qu'ils sont siens, et s'il demande qu'elle retourne à la souche (4), elle doit l'y accompagner. Si elle est coupable dans l'affaire, elle paiera au seul demandeur huit örtughs pour un arbre non fructifère et six öres pour un arbre fructifère. Si elle refuse de retourner à la souche, il y a *retlösa*. — § 2. Si quelqu'un prend une personne dans son bois, un esclave ou un mercenaire, il peut lui enlever (5) sa hache ou le cheval de droite de son attelage (6). Si quelqu'un prend près de la souche un propriétaire ou un fils de propriétaire, celui-là a les bois abattus qui est propriétaire de la forêt. (Celui-ci) peut enlever impunément (au contrevenant) les bois abattus et le poursuivre ensuite pour abatage (illégal de bois), s'il le veut (7). — § 3. Lorsqu'une personne traverse (en voiture ou en traîneau) le bois d'autrui (le propriétaire du bois) peut impunément briser l'essieu de la roue ou couper le patin du traîneau.

III (1). Lorsque, un jour de travail aux champs, une personne prend à une autre son cheval, son bœuf, son char ou son traîneau, ou son bateau muni d'un gouvernail, ou

bétail. Cp. Lex Wisigoth., VIII : 4, 27 : « Arbores majores vel glandiferas. » Lex Bajuv. XXI : 3 et 6.

(3) *Lagaþer i hæræzræpst* — *Hæraþsræfst* = interdictum territoriale v. in judicio datum ne arbores in aliena silva cædantur; Schlyter, Gl.Vg. — IV: 7: « Au þing du fiærþung ou à celui du hæraþ la forêt doit être mise *i hæraþsræfst* avec le consentement de tous ceux qui sont propriétaires dans la forêt. » — Loccenius traduit à tort la phrase en question de notre chapitre de la manière suivante : « Nisi silva in certas et mensuratas territorii partes divisa ac distincta sit. »

(4) Pour que l'on voie où l'arbre a été coupé.

(5) « Impunément, » ajoute le c. V du C. R.

(6) Ne peuvent être saisis que les objets énumérés limitativement par le texte et non un meuble quelconque appartenant au coupable. Secus II, Forn. c. XLIV.

(7) Il y a certaines hypothèses où le créancier peut saisir un gage sans aucune formalité, mais seulement lorsqu'il s'agit de dettes pour amendes et lorsque le coupable est pris en flagrant délit. Dans ce cas, la prise de gage ne fait point évanouir l'obligation personnelle du débiteur, ainsi que cela a lieu pour le *nam* (*suprà*, Retl. c. VII, n. 2). V. I, Fs. II : 2; II, Forn. V, XLIV; I Fs. VI : 1, 4; II, Forn. XXV, XXIX.

III. (1) Cp. II, Forn. c. XV.

qu'elle trait la vache d'autrui, elle doit pour cela payer une amende de six öres, un öre pour une nacelle (2), deux (öres) pour une *tagbenda* (3) et un demi-mark pour un bateau de sept rames, une örtugh pour un râteau à fourrages, deux örtughs pour deux (râteaux); pour trois ou plus de trois (râteaux) c'est un fornæmi plein et l'amende est de six öres.

IV (1). Si quelqu'un traverse en voiture un pré non fauché ou dont l'herbe a recommencé à pousser, il paiera une amende de une örtugh pour chaque roue (2). S'il passe une seconde fois, il paiera une amende de trois fois seize örtughs, car il y a là ce qu'on appelle un chemin souillé.

V (1). Si quelqu'un prend l'échalier d'autrui, il paiera pour cela trois fois seize örtughs. Si quelqu'un prend soit dans une forêt, soit ailleurs, des bois abattus appartenant à autrui, il paiera une amende de trois fois seize örtughs s'il échoue dans sa défense. — § 1. Celui qui enlève l'échalier de son champ avant que les récoltes ne soient rentrées, doit réparer tout le dommage qui en résulte et il paie en outre une amende de trois fois seize örtughs à celui-là seul qui a souffert le dommage, mais non au roi ni au hæraþ. — § 2. Si quelqu'un brise l'échalier d'un autre (2) et que le propriétaire (voisin) en souffre un dommage, celui qui a brisé (l'échalier) doit payer huit örtughs ou bien celui qui est propriétaire de l'échalier (paie l'amende) s'il ne trouve pas celui qui a brisé (l'échalier). — § 3. Lorsqu'un animal pénètre dans un enclos par un échalier en bon état, le propriétaire de l'animal proposera ce qu'il veut et jurera ensuite avec son seul serment (3) si le dommage est inférieur à (la valeur d') une charretée de blé. Si l'autre partie

(2) *Ekia* = nacelle creusée dans le tronc d'un chêne.

(3) *Tagbenda* = bateau dont probablement les différentes parties étaient réunies par des harts, sans clous ou autres armatures en fer. Schlyter, Gl. Vg.

IV. (1) Cp. II, Forn. c. XVI.

(2) Cp. Lex Sal., t. XXXVII : 2 : « Si quis per alienam messem, postquam levaverit... cum carro... transierit, » et § 3. Miroir de Saxe, II, 27. Cp. Grimm, p. 518, et Wilda, p. 932.

V. (1) Cp. II, Fornb. c. XVII-XXII.

(2) « Et si les bestiaux passent à travers, » ajoute le c. XX du C. R.

(3) Dans les temps primitifs, le serment du défendeur n'était jamais corroboré par celui des cojureurs.

prétend (que le dommage) est supérieur à (la valeur d') une charretée de blé, (le propriétaire de l'animal) paiera une charretée de blé et non davantage, même si le dommage est supérieur (à cette valeur).

VI (1). Celui qui prend (avec violence) un *akernam* (2) à une femme ou à un homme, paiera trois fois seize örtughs ou se justifiera avec le serment d'une tylpt. On doit chasser l'akernam loin de l'homme et non le prendre (par violence) (3). — § 1. Celui qui trouve dans son champ le bétail d'autrui doit le publier comme un autre vol (4). Si le propriétaire de l'animal le reconnaît pour sien, il doit le racheter comme un autre akernam. — § 2. Celui qui lâche sur le champ ou sur le pré d'autrui le cheval (5) qu'il mène à la corde, paiera une amende de trois fois seize örtughs ou se justifiera avec le serment d'une tylpt. — § 3. Si quelqu'un mène paître son bétail dans l'enclos d'une autre personne avec un chien et avec un pâtre, trois ou plus de trois (6), il se justifiera avec le serment d'une tylpt; s'il échoue dans sa défense, il paiera une amende de trois fois seize örtughs. — § 4. Si quelqu'un mène son bétail à la corde pendant le jour, qu'un animal s'échappe ayant ses entraves et pénètre dans le champ d'autrui et (y) soit saisi, (le propriétaire de l'animal) le rachètera avec son seul serment (7).

VI. (1) Cp. II Forn., c. XXIV-XXIX. — Cp. Wilda, p. 909.

(2) L'akernam est le bétail qu'une personne trouve dans son champ et qu'elle saisit.

(3) Le créancier n'acquiert point par la saisie un droit réel sur l'objet saisi; il n'a qu'un simple droit de possession ou plutôt de détention. C'est ce qui explique que le propriétaire de l'animal saisi peut essayer de le recouvrer, mais sans employer la violence, *ællæ ok eig takæ*.

(4) C'est-à-dire de même que celui qui enlève à un voleur le produit de son vol doit le publier, afin de pouvoir se mettre à l'abri de l'action de vol (V. *suprà*, Þb. c. XIV). Cette publication a aussi pour but d'informer le propriétaire de l'animal.

(5) « Ou un autre animal, » ajoute le c. XXVI du C. R.

(6) Ici il y a une lacune. Cp. II, Add. IV : 1.

(7) C'est-à-dire en fixant, par son serment, le montant du préjudice causé par l'animal. — Dans les hypothèses des §§ 1 et 4, peu importe que l'animal ait ou non causé du dégât; peu importe aussi que son propriétaire soit ou non en faute. Mais il faut que le champ où a pénétré l'animal soit clos. Cp. II, Forn. XXX, XXXV; III : 41.

LIVRE XIV.

Des fornæmi (*Fornæmix bolkær*).

I (1). Tous échaliers (2) et barrières doivent être dressés et en bon état pour le jour de l'Ascension. Si une barrière est en mauvais état, c'est une affaire de six öres; (c'est une affaire de) un öre pour une seule ouverture dans l'échalier qui entoure un champ (*utgarþ*) (et de) huit örtughs pour (l'ouverture dans) l'échalier qui entoure un topt (3).

II (1). Lorsqu'un cheval se vautre sur un champ ensemencé ou qu'un porc le fouille, (le propriétaire de l'animal) paiera pour cela du grain semblable à celui qui a été semé, un muid pour chaque trois fois que le cheval s'est vautré (dans le champ) ou que le porc l'a fouillé.

III (1). Le *græssæti* (2) qui demeure sur le domaine d'autrui et qui n'a ni pré ni champ avec un échalier ou une barrière ne peut légalement avoir au dehors du topt aucun animal, à moins de se rendre passible d'une amende de trois fois seize örtughs.

IV (1). Le bétail attaché à la corde ne peut, sans autorisation, aller dans un enclos (2) sans que (le propriétaire de l'animal) ne se rende passible d'une amende de huit örtughs envers tous les voisins (3). — Le prêtre peut légalement avoir

I. (1) Cp. II Ut. c. I-III.

(2) *Utgarþer* = sæpes circa agros et prata. Schlyter, Gl. Vg.

(3) « S'il est en mauvais état, » ajoute le c. III du C. R.

II. (1) Cp. II Ut. c. VII.

III. (1) Cp. II Ut. c. VIII.

(2) De *græs*, gazon; *sitia*, résider, sedere in gramine vel nuda humo. *Græssæti*, = tugurii dominus vel incola, qui non est particeps agrorum fundi; homo qui in alieno fundo sedet vel habitat; Schlyter, Gl. Vg.

IV. (1) Cp. II Utb. c. IX, XI.

(2) *I gærþi*. C'est plutôt *ogærþi* que, à notre avis, il faudrait lire au texte. On devrait alors traduire : « Le bétail... aller dans un terrain non clos. » Amira, p. 95, entend ce passage dans le sens que nous donnons en note.

(3) « Si quelqu'un le poursuit, » ajoute le c. IX du C. R. — Ici donc l'un des cointéressés peut agir seul. Mais si plusieurs propriétaires se réunissent

un cheval dans un enclos parce qu'il doit chevaucher dans la paroisse si on vient subitement lui demander de donner la communion ou l'onction à un propriétaire (4).

V (1). Si quelqu'un achète une bête dans un village où règne une épizootie et la ramène à son domicile sans l'autorisation des voisins, quiconque rencontre la bête doit l'abattre.

VI (1). Pour le bétail à affourager (*foþerfæ*), pour le bétail loué (*leghufæ*), pour le bétail que l'on a reçu pour le compte d'autrui (*tækkiufæ*) et pour le bétail qu'on a saisi (2), on doit répondre de toute négligence. (Les accidents causés par) la soif ou le collier, la montagne ou le pont, l'eau ou la vase, tout cela est de la négligence. On doit réparer tout le dommage avec le serment d'une tylpt. — § 1. On ne répond pas des cas fortuits (*ofævli*). Ces (cas fortuits) sont les accidents causés par le feu du ciel (*asikkiæ eldær*) (3), l'ours sauvage, l'œstre ou la peste.

VII (1). Si quelqu'un trouve un essaim (2) sur le pré d'un autre et si les deux parties sont d'accord, celui qui a trouvé l'essaim en a la moitié, et celui qui est propriétaire du pré a l'autre moitié. S'il y a contestation entre les parties, c'est le propriétaire du pré qui a la vita; il doit jurer avec le serment d'une tylpt et deux témoins que « cet essaim que tu réclames, je l'ai aperçu avant toi, et que, par conséquent, j'en suis propriétaire et non toi. » — § 1. Celui-là a le lièvre qui l'appréhende, celui-là a le renard qui le chasse, celui-là a le loup qui le prend, celui-là a l'ours qui le tue, celui-là a l'élan qui l'abat, celui-là a la loutre qui la capture. — § 2. Si celui qui trouve l'essaim a une part légale dans le bois, il a tout l'essaim; il ne peut abattre le chêne sans l'autorisation des voisins. —

pour intenter l'action, il n'en résulte pas pour cela que l'amende due par le coupable soit multipliée. Cp. III : 117.

(4) « Il doit l'avoir sur son champ et non sur celui d'autrui, à moins qu'il n'en ait l'autorisation, » ajoute le C. R., c. XI.

V. (1) Cp. II Ut. c. XII.

VI. (1) Cp. II Ut. c. XIII; I Rb. c. XII.

(2) « Tout cela est soumis à une même loi, » ajoute le C. R.

(3) Schlyter, Gl. p. 38, distingue *asikkiæ*, tonnerre, de *elder*, feu.

VII. (1) Cp. II Ut. c. XIV-XVI.

(2) Cp. Lex Wisigoth. VIII : 6 : 1. Lex Bajuv. XXI : 8. Grimm, p. 596 et s.

§ 3. Si quelqu'un trouve un épervier dans son bois ou dans l'almenning et lui lie les pattes, une autre personne ne peut le prendre sans se rendre passible d'une amende de trois fois seize örtughs.

VIII (1). Si quelqu'un décortique un chêne dans le bois d'autrui, c'est une affaire de six öres, s'il ne peut pas faire la preuve négatoire (2). Si quelqu'un décortique trois chênes ou plus de trois, c'est une affaire de trois fois seize örtughs. S'il décortique une voiture d'arbres non fructifères, c'est une affaire de six öres. S'il décortique trois ou plus de trois voitures, il paiera une amende de trois fois seize örtughs. S'il nie le fait, on doit lui fixer un siunætting, et il se défendra avec douze cojureurs (3).

IX (1). Si quelqu'un brûle le foin d'autrui sur le pré au dehors, c'est un *rætlösæ*. On doit fixer (à l'incendiaire) un siunætting; il doit se défendre avec le serment d'une tylpt et deux témoins jurant que « je ne n'ai pas brûlé ton foin et je ne suis pas coupable de ce dont tu m'accuses. » — § 1. Il en est ainsi de toute autre cause (semblable); si l'on brûle un moulin, un barrage à poissons, un clayonnage, un pont ou le bois abattu par une autre personne dans la forêt; dans tous ces cas, il y a retlösæ. On doit réparer tout cela en prêtant serment que (l'objet endommagé) n'était pas meilleur, et en outre payer trois fois seize örtughs.

X (1). Si des bêtes féroces enlèvent du bétail à un berger et si celui-ci ne peut pas présenter les restes (des animaux enlevés), il perdra le salaire qu'il aurait dû toucher pour ces bêtes (2); s'il présente les restes, il n'encourt aucune responsabilité. — § 1. Lorsqu'une bête (du troupeau) est trouvée morte dans un marais, le berger doit planter auprès son bâton, mettre son chapeau sous la tête (de l'animal) ou son manteau,

VIII. (1) II Ut. c. XVII-XX; IV : 7.

(2) C'est-à-dire qu'il ne peut pas se justifier en prêtant serment qu'il n'est pas coupable, *han Komber eig dulum viþ*.

(3) « Ou paiera l'amende indiquée, » ajoute le c. XX du C. R.

IX. (1) Cp. II Ut. c. XXI, XXII.

X. (1) Cp. II Ut. c. XXIII, XXIV.

(2) « Qu'il s'agisse d'un bœuf, d'une vache ou d'une brebis, » ajoute le C. R., c. XXIII.

ou rompre un rameau. (Ces objets) doivent témoigner qu'il n'a pas commis de négligence.

XI (1). Il y a deux *stæmnudagher* (2) légaux, Pâques et la Saint-Michel (29 septembre). — § 1. Si quelqu'un loue un mercenaire qui n'a pas été nourri par lui (3), il peut prouver avec le serment d'une tylpt et deux témoins que « je n'ai pas loué cet homme et que je n'ai fait avec lui aucun pacte. » S'il ne peut le jurer, il doit payer un salaire égal à celui qui lui a été promis (au mercenaire) (4). S'il est nourri par le maître, y dîne et y soupe, il ne peut point se défendre en prêtant serment, il doit lui payer le salaire promis (le maître), et payer en outre une amende de trois fois seize örtughs. Celui qui retient le serviteur que son maître a revendiqué paiera une amende de trois fois seize örtughs. — § 2. Le maître paiera la même amende (que ci-dessus) s'il chasse, (avant la fin du louage) (5),

XI. (1) Cp. II Ut. c. XXVI-XXVIII, XXIX *in fine*.

(2) Jour fixé pour un rendez-vous ou pour l'exécution d'une prestation quelconque. V. Amira, p. 469 et s. — Il faut lire ici *leghustæmnudagher*. La durée du louage des serviteurs est fixée par la loi en l'absence de conventions spéciales, c'est le *leghustæmna;* cette durée est d'une demi-année. Quant aux dates légales d'entrée et de congé (*leghustæmnudagher*), elles sont fixées par les diverses lois provinciales à des époques qui varient suivant le climat des provinces. Dans la loi de Vestrogothie, c'est Pâques et la Saint-Michel, tandis que dans les lois de la Suède proprement dite, c'est en général la Pentecôte et la Saint-Martin.

(3) Cette circonstance que le serviteur *usus est victu domini* importe à deux points de vue : 1° à celui de la preuve, de la *vita;* 2° à celui de la résiliation du louage. A ce dernier point de vue, lorsque le serviteur a une fois dîné et déjeuné chez le maître, celui-ci ne peut plus le congédier qu'en lui payant tout le salaire promis et, en outre, une amende. A l'inverse, le serviteur ne peut s'en aller que si le maître y consent; si le maître exige qu'il reste, les tiers qui feraient obstacle à l'exécution du louage, sont frappés d'amende. — V. *infrà*, § 1.

(4) « Et le maître également, s'il renvoie son serviteur, » ajoute le c. XXVII du C. R. Cp. III : 88.

(5) Le louage de services est, dans le tout ancien droit suédois, gouverné par le principe de la liberté des conventions. Il en est ainsi encore dans le *Codex antiquior* de notre loi et dans la loi d'Ostrogothie. Mais, vers la fin du XIIIe siècle, on rencontre dans le *Codex recentior* et dans la loi d'Upland des dispositions qui contraignent indirectement certaines personnes à louer leurs services. Celui qui ne paie pas certains impôts publics ou une certaine redevance foncière et qui, après sommation faite, refuse d'entrer en service, ne peut être reçu par personne sous peine d'une amende de trois fois seize

son serviteur de sa maison et de sa table. Que celui qui est odieux se fâche (6).

örtughs contre quiconque lui donne l'hospitalité. II Ut. c. XXIX. — Quel peut avoir été le but de cette règle? — Maurer (*Krit. Viertjahrschr. für Gesetzg.* XXII, p. 350) estime que l'on a voulu ainsi « procurer un domicile légal à celui qui est *heimathlos* (sans patrie). » — Amira, p. 639, repousse cette idée parce que le « service forcé » n'est point dirigé contre l'heimathlos comme tel, que l'on ne se contente pas de lui procurer un domicile, mais que l'on punit en outre la personne qui reçoit celui qui ne veut pas se louer. Il n'admet pas non plus que l'on doive rattacher la règle en question à l'assistance publique des indigents. Pour cet auteur, le but des anciennes lois a été vraisemblablement de procurer aux propriétaires-cultivateurs un nombre suffisant d'ouvriers. Il s'appuie d'abord sur la loi de Vestrogothie qui ne soumet à la contrainte indirecte que ceux « dont on a besoin » (II Ut. c. XXIX) ; il invoque en second lieu la loi de Gotland pour qui la contrainte en question vise uniquement le travail de la moisson ; il remarque en troisième lieu que les anciennes lois n'imposent pas à celui qui doit se louer l'obligation de chercher du service, mais disent qu'il doit avoir été « sommé d'en prendre. » Il s'appuie enfin sur ce fait que le service forcé n'est apparu qu'à l'époque où l'esclavage disparaissait et supprimait toute une classe de travailleurs. — L'obligation au service a dû aussi, à notre avis, être considérée par le législateur, comme un moyen de supprimer le vagabondage. On rencontre, en effet, de très bonne heure en Suède des lois rendues à cet effet et qui contraignent les désœuvrés à se rendre utiles à la société. La loi récente du 12 juin 1885 (dont nous avons donné la traduction dans l'*Annuaire de législation comparée* de 1886) s'est inspirée de la même idée.

Le serviteur loué se trouve vis-à-vis de son maître dans une certaine dépendance. — Le serviteur qui tue son maître commet un eþsöre. II, Add. VII : 31. Le maître doit répondre du serviteur en justice (V. I Þb. VII : pr. II Add. XIII : 3; III : 76; IV : 19 : 1). Le maître peut corriger son serviteur pourvu qu'il ne le blesse pas. II Forn. XV; III : 54. — Pour la responsabilité du berger, V. *suprà*, c. X.

Le salaire est librement débattu entre le maître et le serviteur. Quand le service forcé fut admis dans les lois, on établit certains tarifs légaux de salaire. V. Södermannalag, Add. VII. Le *Codex recentior* de notre loi apporte une exception à la liberté des conventions, II, Ut. c. XXV; III : 57.

(6) *Göri hvemleþer sik vreþæn.* M. Richert, *Nordisk Tidskrift for Filologi,* 1878, p. 6 et s., a cherché à trouver l'explication de cette phrase dont Schlyter avait renoncé à découvrir le sens, et il est arrivé à des résultats très satisfaisants. Pour cet auteur, la formule en question devait se trouver à la fin de chacune des deux rédactions de notre loi. Pour ce qui concerne le *Codex antiquior,* les livres XV, XVI et s. n'auraient point existé dans la toute première rédaction et c'est, à notre avis, fort probable, quand on considère le contenu de ces livres. Quant au mot *hvemleþer,* il pourrait signifier « celui qui est odieux à tous, celui qui est l'ennemi de tous. » La formule aurait alors le sens suivant : le violateur des lois, le perturbateur de la paix (qu'il ait déjà

LIVRE XV.

Des droits des baladins (*Lecarar* (1) *rætar*).

Lorsqu'un baladin est battu, le fait est toujours impuni. Lorsque l'on blesse un baladin qui circule avec sa viole (2) ou son tambour, on doit prendre une génisse non domptée et la conduire sur la colline; puis on doit lui raser tous les poils de la queue et ensuite la graisser. Puis on doit lui donner (au demandeur) des souliers nouvellement graissés. Le baladin doit alors prendre la génisse par la queue et on doit la battre avec un fouet piquant. S'il peut la retenir, il doit avoir cette bonne bête (à titre de réparation) et en jouir comme un chien (jouit) de l'herbe. S'il ne peut pas la retenir il a et supporte ce qu'il a reçu, honte et dommage (3). Il n'a jamais plus de

commis un acte criminel ou qu'il n'en ait encore que l'intention) peut, avec raison, entrer en fureur contre une loi qui est faite pour réprimer sa perversité; mais peu importe, sa colère, la loi et ses gardiens seront plus forts que lui. — *Hvemleþer* pourrait en second lieu désigner l'esprit du mal, le Loke des anciens scandinaves aussi bien que le Satan des chrétiens; car la formule doit remonter à l'époque païenne. Le mauvais a de bonnes raisons d'être en courroux contre une loi destinée à faire régner la paix (Cp. la préface du C. R.); mais sa colère sera vaine. — Partant de cette hypothèse très plausible que la phrase *göri sik*, etc., constituait la formule finale de la loi de Vestrogothie, M. Richert fait alors remarquer l'opposition entre cette formule et les premiers mots de la loi : « Christ est le premier dans nos lois... » — Cp. la formule finale de la loi d'Ostrogothie. « Maintenant leur laghsaga est finie avec le chien et la dent de herse; elle commence par les choses les plus importantes (le livre de l'Église) et finit par les plus minimes (le chien, la dent de herse). »

(1) *Lekari* = fidicen, ludio, musicien, bateleur. Loccenius, *Antiquit. Sveo-Goth*, p. 376 : « Dum ritibus priscis conviviorum et sodalitiorum describendis adhuc immoramus, illud alteri dignum visum est, quod Gothi olim suis conviviis et festivis conventibus excluserint mimicos et scurriles ludos... causæ procul dubio fuere non solum ut sumtibus, alibi utilius faciendis parcerent, sed imprimis quod cœtu bonorum indignos censerent, qui, dum studio risum in omnibus movere quærunt, multi hominum generi parcunt. »

(2) Le texte parle de deux instruments, *gigha* et *siþla*, entre lesquels il existe probablement une différence, mais à nous inconnue. V. Gl. Vg.

(3) « Jocularis mulcta joculatoribus digna visa est antiquitati gothicæ. »

droit à recevoir l'amende qu'une esclave fouettée (4). Le défendeur a toujours la vita (5) et le parent le plus proche doit recueillir la succession (6).

Loccenius, *l. c.* — On rencontre dans les lois du pays de Galles une épreuve analogue. — Cfr. sur les amendes dérisoires, *Scheinbusz*, Grimm, p. 677; Wilda, p. 702.

(4) Les deux règles de droit qui suivent au texte n'ont rien de commun avec les dispositions précédentes sur les baladins.

(5) Cette règle que c'est au défendeur en principe et non au demandeur à faire la preuve peut sembler étrange à ceux qui sont pénétrés de la règle romaine qui a passé dans toutes les législations modernes, « *actori* incumbit probatio. » Néanmoins, la règle scandinave se comprend aisément si l'on se reporte à l'époque où elle était appliquée et au caractère des peuples chez qui elle était en vigueur. La dignité personnelle des barbares exigeait qu'ils pussent repousser eux-mêmes une attaque dirigée contre eux sans avoir à se soumettre aux risques d'une preuve testimoniale, la déclaration des témoins ne pouvant *a priori* présenter plus de garantie que celle des parties elles-mêmes. Le mode de preuves fondamental était donc le serment de la partie, et, en cas de contestation, le serment du défendeur. Le demandeur n'avait rien à prouver, mais seulement à formuler sa prétention. La preuve était ainsi unilatérale; elle avait pour but non pas de déterminer la conviction du juge, mais uniquement d'établir solennellement la négation du défendeur à la conscience de qui le sort de l'action était remis. Plus tard, le serment du défendeur fut soumis à certaines formalités ou conditions (cojureurs, par ex.) indiquées par notre loi en divers textes. — Ce système originaire présentait plusieurs avantages. D'abord le demandeur ne devait pas agir à la légère, puisque le défendeur qui avait le bon droit pour soi pouvait facilement se soustraire à la poursuite. D'un autre côté, le demandeur, même en n'ayant point de preuves à sa disposition, pouvait obtenir satisfaction, soit que le défendeur ne voulût point se parjurer, soit qu'il ne pût trouver le nombre réglementaire de cojureurs.

E A *værizndi vitu*, porte notre loi. Cette expression semble indiquer que la *vita* est un avantage pour le défendeur. C'est vrai à un point de vue. Mais, à un autre point de vue, la vita constitue une charge pour lui, en ce sens qu'il est condamné s'il ne fait pas la preuve prescrite par la loi. Schlyter a donc pu définir la vita « jus vel onus probandi. » « L'obligation du défendeur de faire la preuve, dit Uppström, p. 39, n'avait point son fondement dans une faveur pour l'une ou l'autre des parties, faveur contraire à l'idée du droit et de la procédure, mais dans le besoin de concilier les droits réciproques des parties, de sorte que le résultat de la procédure devait arriver à répondre aux relations matérielles de la cause. Le serment n'était point la base et le point de départ du système des preuves, mais son dernier chaînon, la clef de voûte qui retenait tout l'édifice et lui donnait cohésion et solidité. »

Si en principe le défendeur peut faire la preuve négatoire (*dyliæ*), il est certains cas exceptionnels où il est déchu de cette faculté, par exemple, en

LIVRE XVI.

Du roi (*Conongs bolkær*) (1).

Emundær Slemæ était roi à Upsal et Sven Tiuguskiæg en Danemark. Ils fixèrent les limites entre la Suède et le Danemark. On nomma en Suède Sakaldi en Tiundaland, Botn en Fiædrundæland, Gasi en Westmannaland, Grimaldi en Ostrogothie, Nœnnir en Småland, Thorsten en Westrogothie, Tole en Jutland, Toti et Toki en Jutland, Gymkil en Seeland, Dan en Scanie, Grimitun en Halland. Ces douze personnes posèrent des bornes entre les royaumes (2). La première borne (fut placée) à Suntruas, la deuxième à Danabæc, la troisième à Kimæsten, la quatrième à Uracsnæsi, la cinquième à Hvitæsten, la sixième à Brimsæsten entre Bleking et Möre. Danaholmbær (3) fut partagé en trois lots, l'un pour le roi

cas de vol manifeste, il est *vitulös. Suprà.* þb., c. IV : 1. C'est alors au demandeur à établir les faits de la cause. Par un progrès naturel dans le droit, on accorda au demandeur la *vita*, le *viþsord*, c'est-à-dire le droit de faire sa preuve dans d'autres cas que ceux de flagrant délit, lorsqu'il pouvait produire des témoins oculaires, ou *skærskuta*. Le domaine de la preuve testimoniale s'élargit. Pour les questions de contrat, les personnes présentes à la convention devaient être appelées : « Dans les contestations entre voisins, c'étaient les voisins qui pouvaient donner les renseignements les plus exacts sur l'état de chose traditionnel; dans les questions relatives à la famille, c'étaient les parents ; puis lorsque la preuve par témoins se généralisa même pour les violations de la paix, les lois indiquèrent quelle était celle des parties à qui les coutumes, suivant la nature de l'affaire, accordaient le droit de prouver. » Nordström, II, p. 753. Selon cet auteur, il n'y a pas dans notre loi à proprement parler un seul cas où le défendeur puisse prêter serment négatoire contre la preuve et le serment du demandeur. (Ce que dit le c. XVI, pr. *suprà*, Jb. sur la production respective de témoins, doit s'entendre des experts.) — Sur la preuve testimoniale, la preuve écrite et les épreuves judiciaires, cp. II, Ab. c. XXVI, notes. Sur le næmd et sa compétence, cp. II, Add. VII : 25, n. 1.

(6) V. *suprà,* Arvb.

(1) Plusieurs manuscrits portent cette rubrique plus exacte : *Hær sigher « of landamærum,* ici il est traité des limites de la province. »

(2) Les limites de la Vestrogothie sont indiquées, IV : 10.

(3) Danaholmbær, îlot situé près de Göteborg, à l'embouchure du Götaelf.

d'Upsal, le second pour le roi de Danemark et le troisième pour le roi de Norvège. Lors de cette entrevue, le roi de Danemark tenait la bride au roi d'Upsal et le roi de Norvège lui tenait l'étrier.

LIVRE XVII.

COMMENT ON DOIT PARTAGER LES þINGSLOTER (1) (*Horo þing lot skal skiptæ*).

Ici il est dit comment on doit partager les þingsloter entre les *bo* (2) au þing de la province. Vadsbo, c'est tout le bo, chacun prend autant que l'autre. Le hæraþ de Kinda est la moitié du bo. Le hæraþ de Valla et celui de Kakind (l'autre) moitié du bo. Le hæraþ de Valla prend deux parts et celui de Kakind un tiers. (Pour) le Gudemsbo, le hæraþ de Gudem et le hæraþ de Frökinds, c'est la moitié du bo. Le hæraþ de Frökinds prend un cinquième et le hæraþ de Gudem quatre parts. Le hæraþ de Wilske, le hæraþ de As et celui de Mark, c'est (l'autre) moitié du bo. Le hæraþ de Mark prend un cinquième, puis le reste est partagé en deux entre le hæraþ de Wilske et le hæraþ de As. Le Lungbo se divise en trois parties; un tiers (est formé par) la partie sud du hæraþ d'Als, par le hæraþ de Barcna et le hæraþ de Laskæ. Le hæraþ de Barcna prend deux parts, et trois parts (sont données au hæraþ d'Als et au hæraþ de Laskæ. Un autre tiers est (formé par) le hæraþ de Giæsimi, par le hæraþ de Vildun et par le hæraþ de Ballæbygd. Le hæraþ de Vildun et celui de Ballæbygd prennent un cinquième. Le hæraþ de Giæsimi prend quatre parts, puis le hæraþ de Vildem et celui de Ballæbygd prennent un cinquième. Le troisième tiers du Lungbo est (formé par) le hæraþ de Koland et par tout l'Utland. Le hæraþ de Koland prend

(1) *Þinglot* = amendes échues à la province de Vestrogothie et partagées au þing de la province entre les divers hæraþs, puis au þing de chaque hæraþ entre les habitants du hæraþ.

(2) Le bo est ici une subdivision de la province et comprenant un ou plusieurs hæraþs administrés par un agent du roi résidant dans le bo (domaine) royal.

deux parts et l'autre tiers (appartient à) l'Utland. Maintenant commence l'Asbo. Le hæraþ de Skanung, c'est la moitié du bo. Le hæraþ d'Asu, le hæraþ de Wistæ et celui de Nordal, c'est l'autre moitié du bo. Le hæraþ de Nordal prend un huitième. Puis le hæraþ d'Asu prend deux parts et celui de Wistæ un tiers. Puis les habitants du hæraþ de Skanung et ceux du Dalsland prennent une part parce qu'ils doivent construire et couvrir de bardeaux la toiture de l'église de Marie à Skarir. Maintenant commence le Holæsiobo. La partie nord du hæraþ de Als et le hæraþ de Biarkæ (forment) la moitié du bo. Le hæraþ de Fladnæ et celui de Viniæ (forment l'autre) moitié du bo. Maintenant commence le Skalandæbo. Deux parts (sont données) au hæraþ de Qvalni et l'autre tiers au hæraþ de Væbo et à tout le hæraþ de Sundal. Maintenant commence le Vartoptæbo. Le hæraþ de Vartoptæ (forme) la moitié du bo. Le hæraþ de Redvægh et celui de Kind (forment l'autre) moitié du bo. Chacun d'eux prend la moitié. On doit d'abord partager entre trois bos contre cinq bos. Le Vartoptæbo, le Gudemsbo et le Lungbo prennent à eux trois la moitié ; les cinq (3) autres (prennent l'autre moitié).

LIVRE XVIII.

MANDEMENT DE L'ÉVÊQUE BRYNIULVER (*Biscups Bryniofs staþue*).

Bryniulver, par la grâce de Dieu évêque de Skarir (1), envoie à tous ceux qui verront ce mandement un salut divin et paternel. Tous doivent savoir que s'il s'élève des contestations entre laïques et clercs dans notre diocèse relativement aux privilèges de l'Eglise, Magnus, mon seigneur et roi, avec le conseil de notre chapitre a statué de cette manière sur ce point :

I. La dîme des grains, celle de tous les fruits qui ont poussé et celle des animaux doit être entièrement payée. Si quelqu'un

(3) Cinq, en comptant comme un bo Kindabo qui est plutôt une subdivision du Vadsbo.

(1) V. IV : 16 la liste des premiers évêques de la Suède.

est accusé d'être en retard pour toute la dîme, soit de l'évêque, soit du prêtre, soit de l'église ou de l'hôpital, il doit se justifier avec sept næmdemæn; s'il est condamné, il paiera au demandeur une amende de seize örtughs et en outre la dîme. Si quelqu'un est accusé de retenir quelque partie de la dîme soit de l'évêque, soit du prêtre, soit de l'église ou de l'hôpital ou de la redevance due au doyen (du chapitre) ou de la redevance de grains due à l'église de Falköping, il doit se justifier avec soi et son plus proche voisin et son *næmdærmand* (2). S'il échoue dans sa défense, il paiera au demandeur huit örtughs et ce qu'il retient de la dîme. Nous entendons que semblable défense vaille pour toute espèce de dîme excepté pour la part qui revient aux pauvres et que le propriétaire doit retenir et donner aux pauvres. Si aucune partie de la dîme n'a été payée pour la veille de Pâques, (le retardataire) paiera à tout demandeur une fois seize örtughs et en outre toute la dîme. — § 2. Pour la dîme capitale il est ainsi ordonné : quiconque recueille toute la succession de son père ou de sa mère doit payer la dîme capitale après la troisième moisson (3). Si plusieurs recueillent ensemble une succession entière et veulent demeurer ensemble, ils peuvent rester trois ans (sans payer la dîme), puis ils doivent payer la dîme capitale. Si l'un d'eux veut s'en aller avant les trois ans il doit payer la dîme capitale lorsqu'il est loti de ses biens meubles. Si tous veulent se séparer, ils doivent payer la dîme capitale avant le partage, aussi bien le jeune que l'aîné, cependant la fille ne la paiera pas avant de se marier. Si l'on hérite de biens meubles, on doit payer la dîme capitale lorsque l'on hérite et non plus souvent à moins que l'église ne soit consacrée après dix ans (4). Nous l'entendons ainsi de ceux qui sont propriétaires d'immeubles et non des fermiers qui ne sont point tenus (de payer) cette dîme (capitale) pour la consécration de l'église. Les femmes

(2) *Næmdarmaþer* = vir in quacumque vicinia (*grænd*) electus, qui viciniæ suæ quodammodo præerat, cujusque erat de certis quibusdam litibus ibi exortis cognoscere reumque absolvere vel condemnare. Schlyter, Gl. Vg. V. III : 130. Les membres du nämd, que l'on nomme également *næmdarmæn*, jouent un rôle tout différent. V. II, Add. VII : 25, note 1.

(3) C'est-à-dire après trois ans.

(4) Depuis le paiement de la dîme capitale.

ne doivent pas payer la dîme capitale avant de se marier et les hommes avant d'être âgés de quinze ans. Lorsqu'un homme s'unit légitimement à une femme, ils (les conjoints) doivent payer la dîme capitale après la troisième moisson sur les biens meubles qu'ils possèdent alors. S'ils héritent ensuite de leur père ou de leur mère, ils paient la dîme capitale comme il est dit ci-dessus. — § 3. Celui-là doit payer à l'évêque une amende de dix marks qui blesse ou tue quelqu'un dans ces assemblées : à Skarir dans l'assemblée du Jeudi-saint, dans l'assemblée du synode le jour de la Nativité de la Vierge, ou à Falköping pour la messe de saint Botulphe ou pour la messe de saint Pancrace, ou à Sködwe pour la messe de sainte Hélène, ou sur le véritable chemin de l'église, que ce soit en allant (à l'église) ou en revenant, ou bien le jour où l'église est consacrée dans le by où est l'église. Celui qui intentionnellement blesse ou tue dans le cimetière paiera à l'évêque trois marks d'amende. S'il commet le crime dans l'église, il paiera à l'évêque neufs marks d'amende et il ne pourra jamais revenir dans la province avant que l'évêque n'intercède pour lui et après cela il paiera à l'évêque une amende de vingt marks. Cette intercession et cette amende nous voulons qu'elles aient lieu dans les deux derniers cas. — § 4. Pour ceux qui n'observent pas les jours fériés, il est ainsi ordonné que quiconque travaille le jour de Pâques ou le Jeudi-saint, le jour de la Pentecôte, le jour de Noël, le jour de la Circoncision, le jour de l'Epiphanie, un des jours de fête de la Vierge Marie, un des jours de fête des Apôtres, le jour de la saint Jean-Baptiste, le jour de la saint Laurent, le jour de la saint Michel, le jour de la Toussaint, paiera à l'évêque une amende de huit örtughs en monnaie courante. — § 5. Si un homme marié pèche avec une femme libre, il paiera à l'évêque une amende de douze öres (5). Si un homme marié pèche avec la femme d'un autre homme, il paiera à l'évêque une amende de neuf marks. Pour l'inceste entre frère et sœur ou entre cousins-germains, l'amende est de neuf marks; (pour l'inceste) entre parents au troisième ou au quatrième degré l'amende

(5) La bigamie ne dut être punie par les lois suédoises qu'après l'introduction des doctrines catholiques sur la monogamie. Cp. lettre du pape Alexandre III du 6 juillet 1161. *Dipl.*, p. 60.

est de douze öres. Celui qui pèche contre nature (6) paiera à l'évêque une amende de neuf marks. — § 6. Avec le conseil de notre chapitre nous voulons confirmer ce mandement et avec le privilège que l'Église avait avant nous et possède encore, notre sceau et celui de notre chapitre ont été apposés sur ce mandement. Fait en l'an du Seigneur 1281.

LIVRE XIX.

DES ÉGLISES DE VESTROGOTHIE (*Vesgöta Kyrkior*) (1).

Dans (le hæraþ de) Vadsbo, il y a cinquante-trois églises; dans le hæraþ de Vallæ, douze; dans le hæraþ de Skanung, vingt-trois; dans (le hæraþ de) Kakin, quinze; dans le hæraþ de Gudem, vingt-cinq; dans le hæraþ de Vartoptæ, quarante-sept; dans le hæraþ de Frökin, sept; dans le hæraþ d'As, dix-sept; dans le hæraþ de Mo, douze; dans le hæraþ de Kind, trente-neuf; dans (le hæraþ de) Mark, vingt-quatre; dans le hæraþ de Vidundæ, huit; dans (le hæraþ de) Ballæbygd, trois; dans le hæraþ de Giæsimi, vingt-trois; dans le hæraþ de Kinda, vingt-huit; dans (le hæraþ de) Qualni, vingt-sept; dans le hæraþ d'Asu, douze; dans le hæraþ de Viniæ, dix; dans le hæraþ de Flodnæ, cinq; dans le hæraþ de Byarka, cinq; dans le hæraþ de Larkæ, huit; dans le hæraþ de Colæns, vingt-quatre; dans le hæraþ de Vætlu, cinq; dans le hæraþ d'Alum, dix; dans (le hæraþ de) Sævudal, quatre; dans le hæraþ d'Askem, cinq; dans (le hæraþ de) Hising, deux églises.

(6) Le pape Alexandre III, dans une lettre du 11 septembre 1165 (*Dipl.*, p. 83), appelle déjà les peines de l'Eglise sur les coupables de bestialité.

(1) Une glose d'un manuscrit porte : « Summa ecclesiarum in Vesgocia D. XC. V. ecclesie.

EMENDATA.

Page.	Ligne.	
21	3	*au lieu de :* du lait; *lire :* de l'hydromel.
»	6	*au lieu de :* plus, *lire :* moins.
23	1	*au lieu de :* Si l'objet volé est retrouvé, le voleur; *lire :* Si le voleur est découvert, il.
24	6	*au lieu de :* l'église; *lire :* le cimetière.
26	7	*au lieu de :* et à l'aîné des enfants de sa fille; *lire :* à sa fille, à l'aîné de ses enfants (au fils).
40	8	*au lieu de :* on; *lire :* (il).
47	19	*au lieu de :* de quatre marks; *lire :* d'un mark.
48	11	*au lieu de :* Le jeune homme doit; *lire :* Pour le jeune homme, on doit.
»	12	*au lieu de :* que le vieillard; *lire :* que pour le vieillard.
56	3	*au lieu de :* et dépouille; *lire :* et si quelqu'un dépouille.
58	22	*au lieu de :* elle doit; *lire :* elle peut.
59	6 et 14	*au lieu de :* né; *lire :* née.
»	13	*au lieu de :* un; *lire :* une.
61	4	*au lieu de :* et laisse; *lire :* meurt et laisse.
66	2	*au lieu de :* aucune d'elles n'hérite de l'autre si; *lire :* si chacune est l'héritière de l'autre et si.
»	6	*au lieu de :* si deux personnes vont à un rendez-vous et si toutes deux meurent; *lire :* si des hommes vont l'un au devant de l'autre et si l'un dit à l'autre leur mort.
67	2	*au lieu de :* pour recueillir sa succession; *lire :* pour faire recueillir sa succession à son fils.
68	11	*au lieu de :* qu'elle demeurait; *lire :* qu'ils demeuraient.
70	2	*au lieu de :* et est séparé de son père et de sa mère quant à son bo; *lire :* et si le père et la mère sont séparés quant à leur bo.
71	11	*au lieu de :* il recueille sa succession; *lire :* il (l'enfant) recueille sa succession (à l'affranchi).
76	5	*au lieu de :* sa femme; *lire :* sa serve.
77	6	*au lieu de :* affranchi; *lire :* serf.
80	10	*au lieu de :* elle est demandée; *lire :* la demander.
82	3	*au lieu de :* les envoyer..... sur le Junœbœker; *lire :* envoyer quatre autres hommes de la province avec eux. Ils doivent aller au devant de lui sur le Junœbœker.
98	5	*au lieu de :* être propriétaire; *lire :* la communauté en être propriétaire.
101	7	*au lieu de :* diviser; *lire :* être divisés entre.
102	15	*au lieu de :* six; *lire :* sept.
103	14	*au lieu de :* abandonne; *lire :* enlève.
108	15	*au lieu de :* réclame; *lire :* prend.
111	19	*au lieu de :* l'emporte; *lire :* doit prêter serment.
116	26	*au lieu de :* S'il..... il; *lire :* s'il..... Il.
118	24	*au lieu de :* Le troisième vendeur doit; *lire :* Chez le troisième vendeur, il doit.
131	16	*au lieu de :* l'ours sauvage; *lire :* l'ours, la rapine.

TABLE.

Pages.

BAR-LE-DUC, IMPRIMERIE CONTANT-LAGUERRE.

www.ingramcontent.com/pod-product-compliance
Ingram Content Group UK Ltd.
Pitfield, Milton Keynes, MK11 3LW, UK
UKHW012040240726
13965UKWH00003B/935

9 782013 575942